KB034458

쑥쑥~!
알까는
한자

쑥쑥~! 알까는
한자 상

인쇄일 2016년 8월 29일
발행일 2016년 9월 9일

저 자 심영세원
발 행 인 윤우상
총 괄 윤병호
책임편집 최준명
북디자인 Design Didot 디자인디도
발 행 처 송산출판사
주 소 서울특별시 서대문구 통일로32길 14 (홍제 2동)
전 화 (02) 735-6189
팩 스 (02) 737-2260
홈페이지 http://www.songsanpub.co.kr
등록일자 1976년 2월 2일. 제 9-40호

ISBN 978-89-7780-233-9 14710
         978-89-7780-232-2 14710 (세트)

* 이 교재의 내용을 사전 허가없이 전재하거나 복재할 경우 법적인
  제재를 받게 됨을 알려 드립니다.
* 잘못된 책은 구입하신 서점이나 본사에서 교환해 드립니다.
* 정가는 표지에 표시되어 있습니다.

쑥쑥~!
알까는
한자

심 영세원 지음

상

송산출판사

차례

머리말 ··· 12

可 옳을 가 ··· 24

加 더할 가 ··· 26

叚 빌릴 가 ··· 28

家 집 가 ·· 30

各 각각 각 ··· 31

殼 껍질 각 ··· 34

干 방패 간 ··· 35

臤 굳을 간 ··· 37

間 사이 간 ··· 38

艮 그칠 간(괘이름 간) ·· 39

柬 가릴 간 ··· 41

倝 해 돋을 간 ··· 43

曷 어찌 갈 ··· 44

監 볼 감 ·· 46

敢 감히 감 ··· 48

甘 달 감 ·· 49

甲 갑옷 갑 ··· 50

康 편안할 강 ··· 51

畺 지경 강 ··· 52

岡 산등성이 강 ··· 53

皆 다 개(모두 개) ··· 54

介 낄 개 ·· 55

巨 클 거 ··· 56

豦 원숭이 거 ·· 57

車 수레 거/차 ··· 58

去 갈 거 ··· 59

建 세울 건 ·· 61

鬲 막을 격(솥 력) ··· 62

开 평평할 견 ·· 63

犬 개 견 ··· 64

見 볼 견(뵈올 현) ··· 65

兼 겸할 겸 ·· 66

竟 마침내 경 ·· 67

睘 놀라서 볼 경 ·· 68

巠 물줄기 경 ·· 69

敬 공경 경 ·· 71

更 고칠 경(다시 갱) ·· 72

京 서울 경 ·· 73

系 맬 계 ··· 75

癸 북방 계(천간 계) ·· 76

雇 품 팔 고 ·· 77

告 고할 고(알릴 고) ·· 78

高 높을 고 ·· 80

古 옛 고 ··· 82

谷 골 곡(골짜기 곡) ·· 85

曲 굽을 곡 ·· 87

昆 맏 곤(벌레 곤) ··· 88

骨 뼈 골 ·· 89

共 한가지 공 ·· 90

公 공평할 공 ·· 92

工 장인 공(만들 공) ·· 93

果 실과 과(열매) ·· 96

瓜 오이 과 ·· 98

夸 자랑할 과 ·· 99

關 관계할 관 ·· 100

貫 꿸 관 ·· 101

官 벼슬 관 ·· 102

藿 황새 관 ·· 103

光 빛 광 ·· 105

厷 팔뚝 굉 ·· 106

咼 입 비뚤어질 괘 / 와 ·· 107

交 사귈 교 ·· 108

丂 공교할 교 ·· 110

喬 높을 교 ·· 112

九 아홉 구 ·· 114

求 구할 구 ·· 116

具 갖출 구 ·· 117

句 글귀 구 ·· 118

區 구분할 구(지경 구) ·· 120

瞿 놀랄 구 ·· 122

久 오랠 구 ·· 123

冓 짤 구 ·· 124

匊 움킬 국 ·· 125

君 임금 군 ·· 126

軍 군사 군 ·· 127

弓 활 궁 ·· 128

卷 책 권(말 권) ·· 129

欮 상기 궐 ·· 131

鬼 귀신 귀 ·· 132

貴 귀할 귀 ·· 134

圭 서옥 규(홀 규) ··· 135

菫 진흙 근 ·· 137

斤 도끼 근(근 근) ··· 139

今 이제 금 ·· 142

禽 새 금 ·· 144

金 쇠 금(성씨 김) ··· 145

禁 금할 금 ·· 146

及 미칠 급(닿다) ·· 147

奇 기이할 기(기특할 기) ·· 149

气 기운 기 ·· 150

豈 어찌 기 ·· 151

其 그 기 ·· 152

旣 이미 기 ·· 154

己 몸 기 ·· 155

幾 몇 기 ·· 157

吉 길할 길 ·· 158

奴 종 노 ·· 159

農 농사 농 ·· 160

能 능할 능 ·· 161

內 안 내 ·· 162

尼 여승 니 ······································· 163

多 많을 다 ······································· 164

旦 아침 단 ······································· 165

彖 판단할 단 ···································· 166

段 층계 단 ······································· 167

亶 믿음 단 ·· 168

單 홑 단 ··· 169

耑 끝 단 ··· 171

覃 깊을 담 ·· 172

羍 어린 양 달 ···································· 173

沓 겹칠 답 ·· 174

唐 당황할 당(당나라 당) ················· 175

帶 띠 대 ··· 176

代 대신할 대 ···································· 177

匋 질그릇 도 ····································· 178

道 길 도(길, 도리) ·························· 179

刀 칼 도 ··· 180

度 법도 도 ······································· 182

禿 대머리 독 ····································· 183

同 한가지 동 ···································· 184

冬 겨울 동 ·· 186

東 동녘 동 ·· 187

童 아이 동 ·· 188

斗 말 두(용량단위) ························· 189

豆 콩 두 ··· 190

登 오를 등 ·· 191

屯 진 칠 둔 ··· 192

樂 즐길 락(노래 악, 좋아할 요) ······················· 193

兩 두 량 ·· 194

梁 들보 량 ·· 195

良 어질 량 ·· 196

量 헤아릴 량 ·· 198

呂 성씨 려(법칙 려) ·· 199

厤 책력 력 ·· 200

力 힘 력 ·· 201

絲 어지러울 련 ··· 203

連 잇닿을 련 ·· 205

列 벌일 렬/열 ·· 206

巤 목 갈기 렵 ··· 207

令 하여금 령(명령할 령) ··· 208

另 헤어질 령 ·· 210

耂 늙을 로 ·· 211

路 길 로 ·· 212

盧 목로 로(검을 로) ·· 213

虜 사로잡을 로 ··· 214

鹿 사슴 록 ·· 215

彔 새길 록 ·· 217

賴 의뢰할 뢰(의지할 뢰) ··· 219

畾 밭 갈피 뢰 ··· 220

尞 횃불 료 ·· 221

翏 높이 날 료 ··· 223

龍 용 룡 ···················· 224

婁 끌 루(끌다) ···················· 226

累 여러 루 ···················· 227

流 흐를 류 ···················· 228

留 머무를 류 ···················· 230

坴 언덕 륙 ···················· 231

侖 생각할 륜(둥글 륜) ···················· 232

栗 밤 률/율 ···················· 234

夌 언덕 릉 ···················· 235

離 떠날 리 ···················· 236

利 이로울 리 ···················· 237

里 마을 리 ···················· 238

粦 도깨비불 린 ···················· 239

閵 새 이름 린 ···················· 241

林 수풀 림 ···················· 242

立 설 립 ···················· 243

麻 삼 마 ···················· 245

馬 말 마 ···················· 247

莫 없을 막(저물 모) ···················· 252

曼 길게 끌 만 ···················· 254

萬 일만 만 ···················· 256

㒼 평평할 만 ···················· 257

末 끝 말 ···················· 258

亡 망할 망 ···················· 259

買 살 매 ···················· 262

每 매양 매 ···················· 264

面 낯 면 ⋯⋯⋯⋯⋯⋯⋯⋯⋯⋯⋯⋯⋯⋯⋯⋯⋯ 266

丏 가릴 면 ⋯⋯⋯⋯⋯⋯⋯⋯⋯⋯⋯⋯⋯⋯⋯⋯ 267

免 면할 면 ⋯⋯⋯⋯⋯⋯⋯⋯⋯⋯⋯⋯⋯⋯⋯⋯ 268

冥 어두울 명 ⋯⋯⋯⋯⋯⋯⋯⋯⋯⋯⋯⋯⋯⋯⋯ 270

明 밝을 명 ⋯⋯⋯⋯⋯⋯⋯⋯⋯⋯⋯⋯⋯⋯⋯⋯ 271

名 이름 명 ⋯⋯⋯⋯⋯⋯⋯⋯⋯⋯⋯⋯⋯⋯⋯⋯ 272

孟 맏 맹 ⋯⋯⋯⋯⋯⋯⋯⋯⋯⋯⋯⋯⋯⋯⋯⋯⋯ 273

某 아무 모 ⋯⋯⋯⋯⋯⋯⋯⋯⋯⋯⋯⋯⋯⋯⋯⋯ 274

毛 터럭 모 ⋯⋯⋯⋯⋯⋯⋯⋯⋯⋯⋯⋯⋯⋯⋯⋯ 275

目 눈 목 ⋯⋯⋯⋯⋯⋯⋯⋯⋯⋯⋯⋯⋯⋯⋯⋯⋯ 276

沒 빠질 몰 ⋯⋯⋯⋯⋯⋯⋯⋯⋯⋯⋯⋯⋯⋯⋯⋯ 277

卯 토끼 묘 ⋯⋯⋯⋯⋯⋯⋯⋯⋯⋯⋯⋯⋯⋯⋯⋯ 278

務 힘쓸 무 ⋯⋯⋯⋯⋯⋯⋯⋯⋯⋯⋯⋯⋯⋯⋯⋯ 279

武 호반 무(무관의 반열) ⋯⋯⋯⋯⋯⋯⋯⋯⋯ 280

巫 무당 무 ⋯⋯⋯⋯⋯⋯⋯⋯⋯⋯⋯⋯⋯⋯⋯⋯ 281

無 없을 무 ⋯⋯⋯⋯⋯⋯⋯⋯⋯⋯⋯⋯⋯⋯⋯⋯ 282

門 문 문 ⋯⋯⋯⋯⋯⋯⋯⋯⋯⋯⋯⋯⋯⋯⋯⋯⋯ 283

文 글월 문 ⋯⋯⋯⋯⋯⋯⋯⋯⋯⋯⋯⋯⋯⋯⋯⋯ 287

勿 말 물 ⋯⋯⋯⋯⋯⋯⋯⋯⋯⋯⋯⋯⋯⋯⋯⋯⋯ 289

微 작을 미 ⋯⋯⋯⋯⋯⋯⋯⋯⋯⋯⋯⋯⋯⋯⋯⋯ 290

眉 눈썹 미 ⋯⋯⋯⋯⋯⋯⋯⋯⋯⋯⋯⋯⋯⋯⋯⋯ 291

未 아닐 미 ⋯⋯⋯⋯⋯⋯⋯⋯⋯⋯⋯⋯⋯⋯⋯⋯ 292

敏 민첩할 민 ⋯⋯⋯⋯⋯⋯⋯⋯⋯⋯⋯⋯⋯⋯⋯ 294

民 백성 민 ⋯⋯⋯⋯⋯⋯⋯⋯⋯⋯⋯⋯⋯⋯⋯⋯ 295

에필로그 ⋯⋯⋯⋯⋯⋯⋯⋯⋯⋯⋯⋯⋯⋯⋯⋯⋯ 296

안녕하세요.

수리수리한자의 심 영세원(沈 英世元) 입니다.

우리가 현재 사용하는 말과 글은 얼마나 정확할까요?

정확한 의미를 알고 사용하는 사람이 얼마나 될까요?

동물을 예로 들어보겠습니다.

개구리는 양서류에 속합니다.

그럼 양서류는 무엇을 뜻할까요?

읽고 쓰기는 한글인 '양서류'로 쓰지만 그 의미는 한자(漢字)입니다.

두 량(兩), 깃들일 서(棲)

아~~~두 군데(물과 땅)에서 살아가는 동물임을 순식간에 아주 쉽게 알 수 있습니다.

그럼 극피동물은 무엇일까요?

한글로 읽고 쓰지만 정확한 의미는 알 수 없습니다.

그냥 배우다보니 대강 알게 되는 것일 뿐이죠.

가시 극(棘), 가죽 피(皮)

아~~~피부에 가시같이 뾰족하게 돋은 동물임을 순식간에 아주 쉽게 알 수 있습니다.

우리는 일상생활에서 어떤 일이 다반사로 많이 일어난다는 말을 자주 접합니다.
많은 분들이 다반사에서 '다'를 많을 다(多)로 알고 있지만 틀렸습니다.

다반사는 차 다(茶), 밥 반(飯), 일 사(事)
즉 차를 마시고 밥을 먹듯 일상적으로 자주 하는 일을 비유하는 말입니다.
이렇듯 한자를 알면 정확한 의미와 그에 따른 활용을 할 수 있습니다.

정확한 뜻을 모르는 상태에서 암기한 것은,
어렵게 외우고 쉽게 잊어버리는 결과를 낳게 됩니다.
한자(漢字)는 외우는 것이 아니라 그 뜻을 이해하며 익히는 것입니다.
한자(漢字)는 단순한 글자가 아닙니다.

한글과 한자(漢字)는 마치 자전거의 두 바퀴와 같습니다.
속의 뜻이 겉으로 나타나면서 정확한 의사소통을 할 수 있는 것입니다.
이 중 어느 한 가지만 사용한다면 그것은 외발자전거로 불안하게 살아가는 것과 같습
니다.

이렇듯 우리의 삶에 가장 밀접한 교육이나 학습용어 그리고 실생활에서 한자(漢字)는
거의 대부분 활용되고 있습니다.

뿌리가 튼튼하지 않은 기둥은 쉽게 무너지고 맙니다.
반대로 뿌리가 튼튼하면 기둥은 더더욱 튼튼해집니다.
우리 한국인에게 그 뿌리는 바로 '한자(漢字)'입니다.

우리가 사용하고 있는 거의 모든 단어들은,
'한글로 읽을 뿐 그 속은 거의 한자(漢字)'입니다.

예를 들어 코가 아픕니다.

어느 과의 병원을 갑니까?

'이비인후과'를 가죠.

그럼 이비인후과는 한글일까요? 한자일까요?

이비인후과는 한글로 쓰고 불리지만 외형만 그럴 뿐 속은 한자입니다.

귀 이(耳), 코 비(鼻), 목구멍 인(咽), 목구멍 후(喉), 과목 과(科) 입니다.

아~~~

귀가 아프고, 코가 아프고, 목이 아플 때 찾아가는 병원이 바로

이비인후과(耳鼻咽喉科)인 것입니다.

교과서의 학습(學習) 용어도 마찬가지입니다.

영어(英語)의 8품사(品詞)를 보겠습니다.

동사(動詞), 명사(名詞), 대명사(代名詞), 형용사(形容詞), 부사(副詞), 전치사(前置詞),

접속사(接續詞), 감탄사(感歎詞).

이 모든 학습용어가 '한자(漢字)'입니다.

말로만 전치사…전치사 외우는 것이 아니라,

앞 전(前), 둘 치(置), 글 사(詞)

아~~~ 어떤 글자의 앞에 위치하는 글임을 금방 알고 또 정확히 알 수 있습니다.

수학(數學) 용어도 마찬가지입니다.

미지수(未知數), 함수(函數), 항등식(恒等式), 예각(銳角), 둔각(鈍角)...
이 모든 수학용어가 '한자(漢字)'로 되어 있습니다.

말로만 항등식을 외우는 것이 아니라,
항상 항(恒), 같을 등/무리 등(等), 법 식(式)

아~~~어떤 식에 어떠한 값을 넣어도 항상 양쪽의 값이 같아지는 식이 항등식임을
금방 알고 또 정확히 알 수 있습니다.

그래서 초등학생부터 대학생들까지 공부하는 학생들은 물론,
학생들을 가르치는 선생님과 부모님들 또한 한자공부는 필수 중 필수인 것입니다.
심지어 한자(漢字)를 생활화하는 중국인들조차 저에게 한자(漢字)를 배우기도 합니다.

이유는 '정통한자(正統漢字)'이기 때문입니다.

정통(正統)을 모르고 중국의 간체자나 일본의 간지부터 배운다면 원인을 모르는 임시
적 치료와 같습니다.
아픈 근본원인을 해결해야 진정한 치료를 할 수 있습니다.

언어의 근본은 바로 한자(漢字)입니다.
한자(漢字)의 근본은 정통(正統)이어야 합니다.
그 정통한자(正統漢字)를 저, 심 영세원이 아낌없이 공개(公開)하겠습니다.

영원히 유산(遺産)이 되길 바라는 마음으로!!!

한 글자, 한 글자 집필하고 한 구절, 한 구절 강의할 때 온 마음을 다하였습니다.

'어떻게 하면 하나라도 더 알려드릴까'를 고민하며 집필하고 강의를 제작하였습니다.

이유는!!!

한자(漢字)는 삶의 근본이기 때문입니다.

또 국력이고 경쟁력이기 때문입니다.

중국인도 배우는 심영서원 정통한자!

배우는 즉시 익힐 수 있는 심영서원 한자교실!

쉽게 익히고 오래 기억하는 심영서원 한자교실!

지식뿐만 아니라 삶의 도리를 함께 배우는 심영서원 한자교실!

현재 한자교육의 육성을 위해 '국가공인 한자급수 시험'을 운영하고 있습니다.

그런데 이 또한 시험을 위한 시험, 급수를 따기 위한 시험으로 될 수 있습니다.

시험을 위한 한자공부가 아니라,

제대로!!! 정확히!!! 언어를 구사하기 위해 배워야 합니다.

따라서 한자를 공부하는 방법이 아주 중요합니다.

한자는 그 뿌리가 '部首(부수)'와 '六書(육서)'입니다.

그런데 수많은 부수를 설명한 책을 보면,

'의미(意味) 순'이 아닌 '획수(劃數) 순'이나 '가나다 순'으로 나열합니다.

이러한 교육들로 인해 수많은 학생들이 중요한 시간을 낭비하고 있습니다.

한마디로 '어렵고 힘들게 외우고, 너무 쉽게 빨리 잊어버리게 되는 것'입니다.

이에 필자는 수리수리한자닷컴(www.surisurihanja.com)을 통해
심영세원만의 부수교육, 육서교육, 필순교육을 무료로 제공하고 있습니다.

또한 국가공인 한자급수 시험을 대비하여 8급부터 1급까지 총 3,500자를
생성원리에 맞춘 스토리텔링으로 재미있고 정확하게 제공하고 있습니다.

마지막으로 한자교육의 화룡점정(畫龍點睛)인 수리수리 보이스한자—알까는 한자를,
출판과 더불어 그 내용을 저의 목소리로 녹음하여 함께 제공하고 있습니다.

보이스한자는 영어로 VOICE(소리, 음성)입니다.

한자는 '모양과 소리'에 규칙적인 패턴이 있습니다.
뿌리글자의 '모양과 소리'에서 규칙적인 파생글자들이 뻗어 나갑니다.
그 규칙은 곧 비법(祕法)이 됩니다.
쉽게 이해되고 저절로 익혀지며 오래 기억하는 한자공부의 비법인 것입니다.

보이스한자는 근본이 되는 '뿌리글자'와 그에 따른 '파생글자'로 구성되어 있습니다.

가죽 피(皮)를 뿌리글자로 하여 예를 들어 보겠습니다.
파생되는 글자의 음(音)은 '피' 또는 '파'로 됩니다.
다양한 부수들과 합쳐져 새로운 뜻을 지닌 글자로 탄생되어집니다.

皮 가죽 피

皮膚 가죽 피 살갗 부
表皮 겉 표 가죽 피
彈皮 탄알 탄 가죽 피

彼 저 피

此日彼日 이 차 날 일 저 피 날 일
知彼知己 알 지 저 피 알 지 몸 기

被 입을 피

被害 입을 피 해할 해
被殺 입을 피 죽일 살
被拉 입을 피 끌 랍
被擊 입을 피 칠 격
被襲 입을 피 엄습할 습
被告 입을 피 고할 고
被虜人 입을 피 사로잡을 로 사람 인 : 포로

披 헤칠 피

披瀝 헤칠 피 스밀 력
猖披 미쳐날뛸 창 헤칠 피
披露宴 헤칠 피 이슬 로 잔치 연

疲 피곤할 피

疲困 피곤할 피 곤할 곤
疲勞 피곤할 피 일할 로
疲弊 피곤할 피 폐단 폐

波 물결 파

波濤 물결 파 물결 도
波瀾 물결 파 물결 란

波長 물결 파 길 장

波動 물결 파 움직일 동

波紋 물결 파 무늬 문

餘波 남을 여 물결 파

寒波 찰 한 물결 파

電波 번개 전 물결 파

破 깨뜨릴 파

破壞 깨뜨릴 파 무너질 괴

破棄 깨뜨릴 파 버릴 기

破綻 깨뜨릴 파 터질 탄

破損 깨뜨릴 파 덜 손

突破 갑자기 돌 깨뜨릴 파

跛 절름발이 파

跛行 절름발이 파 다닐 행 : 일이 순조롭지 않음

頗 자못 파 (꽤 많이)

頗多 자못 파 많을 다 : 자못 많음

偏頗 치우칠 편 자못 파 : 치우쳐 공평하지 못함

婆 할머니 파 음역자 바

娑婆 사바세상 사 음역자 바

老婆心 늙을 로 할머니 파 마음 심

이렇게 가죽 피(皮)라는 하나의 뿌리글자는 9가지의 파생글자를 만듭니다.

그런데 그 과정에는 '모양과 소리'의 규칙성이 있습니다.

여기에 어떤 '부수'가 오느냐에 따라 그 뜻이 다르게 되는 것입니다.

가죽 피(皮)에 '걸을 척'을 뜻하는 두인 변(彳) 부수가 오면 저 피(彼)
'옷'을 뜻하는 옷의 변(衤) 부수가 오면 입을 피(被)
'손 수'를 뜻하는 재방 변(扌) 부수가 오면 헤칠 피(披)
'질병'을 뜻하는 병들어 기댈 녁(疒) 부수가 오면 피곤할 피(疲)
'물'을 뜻하는 삼수 변(氵) 부수가 오면 물결 파(波)
'돌'을 뜻하는 돌석 변(石) 부수가 오면 깨뜨릴 파(破)
'발'을 뜻하는 발족 변(足) 부수가 오면 절름발이 파(跛)
'머리'를 뜻하는 머리 혈(頁) 부수가 오면 자못 파(頗)
'여자'를 뜻하는 여자 녀(女) 부수가 오면 할머니 파/음역자 바(婆)가 됩니다.

여기에 그치지 않습니다.
구슬도 꿰어야 보배라 했습니다.

지금 배운 '뿌리글자와 파생글자'들이 실제 어떤 단어로 활용되는지가 중요합니다.
이에 실제 가장 많이 활용되는 단어들을 엄선하여 함께 익힐 수 있게 하였습니다.

실제 활용되는 단어들 속에는,
이미 공부했던 '뿌리글자'와 '파생글자'들이 순환반복 식으로 계속 나옵니다.
따라서 자연스럽게 복습이 될 수 있도록 체계적으로 구성하였습니다.

마지막으로 한 가지 더 중요한 것이 있습니다.

알까는 한자 책의 내용을 토대로 제가 녹음을 하였습니다.
하나의 글자마다 생성된 스토리텔링을 세밀하고 정확하게 알려드립니다.

그리고 실제 활용되는 단어들의 의미와 쓰임새 또한 명쾌하게 설명해 드립니다.

이와 같은 단계별 학습을 통해 여러 분은 실전 최고의 한자고수가 될 수 있습니다.

뿌리글자는 총 621개입니다.
숫자에는 세상의 기준을 만들어주는 기운이 존재합니다.

621을 모두 더하면 9가 됩니다.
수리역학에서 9는 학업(學業)과 명예(名譽)를 상징합니다.
동양의학에서 9는 부족한 기운을 채워주는 보(補)를 상징합니다.

또한 양력 6월 21은 1년 24절기에서 하지(夏至)입니다.
하루 중 낮이 가장 길며 정오의 태양도 가장 높은 절기입니다.
알까는 한자가 수강생 분들의 인생을 밝게 비춰주는 원동력이 되었으면 합니다.

또한 개인적으로 저의 생일도 6월 21일입니다.
저의 혼신을 담은 책이라고 감히 말씀드릴 수 있습니다.

이 책의 마지막에는 묘교발형(苗敎發熒)이란 4개의 뿌리글자가 더 있습니다.
이는 춘하추동(春夏秋冬) 4계절을 담았습니다.
한자공부를 함에 있어 자연의 이치를 그대로 옮긴 저의 철학이기도 합니다.

실제 초등학교 1학년 학생이 6개월 만에 알까는 한자를 통해 1급을 완성하였습니다.
당연히 여러 분들도 하실 수 있습니다.
얼마나 열심히 하느냐에 따라 시간단축은 스스로의 몫이 됩니다.
책을 보며 저의 목소리를 듣고만 있어도 신기하게 한자(漢字)에 눈이 떠지게 됩니다.

부디,

열심히 수강하셔서 이 사회의 힘들고 지친 분들에게 큰 희망이 되어주시길 바랍니다.

마지막으로 수리수리한자닷컴이 운영되고, 알까는 한자가 출판되기까지

함께 해주신 분들에게 감사(感謝)의 말씀을 드리고 싶습니다.

부족한 제게 큰 사명을 맡겨주신 (주)스타세븐 손영곤 대표님,

처음부터 끝까지 함께 동고동락한 김영철 본부장님,

고단한 작업을 마치 내 일처럼 밤새워 일해주신 기획, 촬영, 편집 팀 여러분,

모든 집필과 제작과정을 묵묵히 격려해 준 제 가족에게 깊은 고마움을 전합니다.

2016年 8月

著者 심 영세원(沈 英世元) 拜上

쑥쑥~!
알까는 한자

可能 옳을 가 능할 능
許可 허락할 허 옳을 가

옳을 가

柯 가지 가　木(나무 목) + 可(옳을 가)

柯葉 가지 가 잎 엽
斧柯 도끼 부 가지 가 : 도끼의 자루

軻 수레 가 사람이름 가　車(수레 거/차) + 可(옳을 가)

孟軻 맏 맹 사람이름 가

呵 꾸짖을 가　口(입 구) + 可(옳을 가)

呵責 꾸짖을 가 꾸짖을 책
譴呵 꾸짖을 견 꾸짖을 가

苛 가혹할 가　艸(풀 초) + 可(옳을 가)

苛酷 가혹할 가 심할 혹
苛虐 가혹할 가 모질 학
苛評 가혹할 가 평할 평

歌 노래 가　可(옳을 가) + 可(옳을 가) + 欠(하품 흠)

歌謠 노래 가 노래 요
歌手 노래 가 손 수

愛國歌 사랑 애 나라 국 노래 가

阿 언덕 아 阜(언덕 부) + 可(옳을 가)

阿附 언덕 아 붙을 부
阿諂 언덕 아 아첨할 첨
阿膠 언덕 아 아교 교

河 강 하(물 하) 水(물 수) + 可(옳을 가)

河川 강 하 내 천
氷河 얼음 빙 강 하

何 어찌 하 人(사람 인) + 可(옳을 가)

如何 같을 여 어찌 하
何等 어찌 하 무리 등 : 아무런 조금도
六何原則 여섯 육(륙) 어찌 하 근원 원 법칙 칙(곧 즉)

荷 멜 하(짐 하) 艸(풀 초) + 何(어찌 하)

荷重 짐 하 무거울 중
荷置場 짐 하 둘 치 마당 장 : 화물을 보관하는 장소
過負荷 지날 과 질 부 멜 하 : 규정량 초과하는 부하

增加 더할 증 더할 가
加熱 더할 가 더울 열
加害 더할 가 해할 해

더할 **가**

架 시렁 가 加(더할 가) + 木(나무 목)

架橋 시렁 가 다리 교
書架 글 서 시렁 가
高架道路 높을 고 시렁 가 길 도 길 로

駕 멍에 가(능가할 가) 加(더할 가) + 馬(말 마)

御駕 거느릴 어 멍에 가 : 임금이 타는 수레
凌駕 업신여길 릉 능가할 가

袈 가사 가(법의 스님들이 입는 옷) 加(더할 가) + 衣(옷 의)

袈裟 가사 가 가사 사

迦 부처이름 가 辶(쉬엄쉬엄 갈 착) + 加(더할 가)

釋迦牟尼 풀 석 부처이름 가 소 우는 소리 모 여승 니

伽 절 가 人(사람 인) + 加(더할 가)

伽倻琴 절 가 가야 야 거문고 금

嘉 아름다울 가 壴(기쁠 희 – 변형) + 加(더할 가)

嘉尙 아름다울 가 오히려 상

賀 하례할 하 加(더할 가) + 貝(조개 패)

祝賀 빌 축 하례할 하
慶賀 경사 경 하례할 하
賀客 하례할 하 손님 객

뿌리글자로만 의미

빌릴 가

假 거짓 가 人(사람 인) + 叚(빌릴 가)

假飾 거짓 가 꾸밀 식
假面 거짓 가 낯 면
假令 거짓 가 하여금 령

暇 틈 가(겨를 가) 日(날 일) + 叚(빌릴 가)

休暇 쉴 휴 틈 가
餘暇 남을 여 틈 가
閑暇 한가할 한 틈 가

瑕 허물 하 玉(구슬 옥) + 叚(빌릴 가)

瑕疵 허물 하 허물 자

蝦 새우 하(두꺼비 하) 虫(벌레 충) + 叚(빌릴 가)

大蝦 큰 대 새우 하
蝦卵 새우 하 알 란

遐 멀 하 辶(쉬엄쉬엄 갈 착) + 叚(빌릴 가)

昇遐 오를 승 멀 하

노을 하 雲(구름 운) + 假(거짓 가) – 변형 합체자

夕霞 저녁 석 노을 하

집 가

家族 집 가 겨레 족
國家 나라 국 집 가

嫁 시집갈 가 女(여자 녀) + 家(집 가)

出嫁 날 출 시집갈 가
嫁娶 시집갈 가 장가들 취
轉嫁 구를 전 시집갈 가

稼 심을 가 禾(벼 화) + 家(집 가)

稼事 심을 가 일 사

各自 각각 각 스스로 자
各種 각각 각 씨 종

각각 각

恪 삼갈 각 心(마음 심) + 各(각각 각)

恪別 삼갈 각 다를 별

閣 집 각 門(문 문) + 各(각각 각)

內閣 안 내 집 각
改閣 고칠 개 집 각
閣僚 집 각 동료 료

絡 이을 락 糸(실 사) + 各(각각 각)

連絡 잇닿을 련 이을 락
脈絡 줄기 맥 이을 락

烙 지질 락 火(불 화) + 各(각각 각)

烙印 지질 락 도장 인
烙刑 지질 락 형벌 형

酪 쇠젖 락 酒(술 주 – 변형) + 各(각각 각)

酪農業 쇠젖 락 농사 농 업 업

駱 낙타 락 馬(말 마) + 各(각각 각)

駱駝 낙타 락 낙타 타

洛 물 이름 락 水(물 수) + 各(각각 각)

洛東江 물이름 락 동녁 동 강 강

落 떨어질 락 艹(풀 초) + 洛(강 이름 락)

下落 아래 하 떨어질 락
墜落 떨어질 추 떨어질 락
落葉 떨어질 락 잎 엽

略 간략할 략 田(밭 전) + 各(각각 각)

簡略 간략할 간 간략할 략
略圖 간략할 략 그림 도

格 격식 격 木(나무 목) + 各(각각 각)

格式 격식 격 법 식
性格 성품 성 격식 격
價格 값 가 격식 격
資格證 재물 자 격식 격 증거 증

客 손 객 宀(집 면) + 各(각각 각)

乘客 탈 승 손 객
顧客 돌아볼 고 손 객
客觀的 손 객 볼 관 과녁 적

額 이마 액 客(손 객) + 頁(머리 혈)

金額 쇠 금 이마 액

額面 이마 액 낯 면 : 있는 그대로의 것

甲殼類 갑옷 갑 껍질 각 무리 류 :
　　　　새우, 가재, 게...
地殼變動 땅 지 껍질 각 변할 변 움직일 동

껍질 각

穀 곡식 곡 　殼(껍질 각 – 변형) + 禾(벼 화)

穀食 곡식 곡 먹을 식
五穀 다섯 오 곡식 곡 : 쌀 보리 콩 조 기장

干涉 방패 간 건널 섭
若干 같을 약 방패 간

방패 간

肝 간 간　月(육달 월) + 干(방패 간)

肝臟 간 간 오장 장
肝炎 간 간 불꽃 염
肝癌 간 간 암 암

杆 몽둥이 간　木(나무 목) + 干(방패 간)

杆棒 몽둥이 간 막대 봉

奸 간사할 간　女(여자 녀) + 干(방패 간)

奸邪 간사할 간 간사할 사
奸臣 간사할 간 신하 신

刊 새길 간(발행할 간)　干(방패 간) + 刀(칼 도)

刊行 새길 간 행할 행
創刊 비롯할 창 새길 간

竿 낚싯대 간　竹(대 죽) + 干(방패 간)

釣竿 낚을 조 낚싯대 간 : 낚싯대

汗 땀한 水(물 수) + 干(방패 간 - 피부)

發汗 필발 땀한
汗蒸湯 땀한 찔증 끓일탕

罕 드물한 ㎝(그물 망) + 干(방패 간)

稀罕 드물희 드물한

旱 가물한 日(해 일) + 干(방패 간)

旱災 가물한 재앙재
旱魃 가물한 가뭄발

悍 사나울한 心(마음 심) + 旱(가물 한)

剽悍 겁박할표 사나울한
凶悍 흉할흉 사나울한

軒 집헌 車(수레 거/차) + 干(방패 간)

烏竹軒 까마귀오 대죽 집헌 : 이율곡 생가(강릉)

岸 언덕안 山(뫼 산) + 厂(굴바위 엄) + 干(방패 간)

東海岸 동녘동 바다해 언덕안

研 갈연 石(돌 석) + 幵(평평할 견)

研究 갈연 연구할구
研修 갈연 닦을수
研磨 갈연 갈마

臤

뿌리글자로만 의미

굳을 간

堅 굳을 견 臤(굳을 간) + 土(흙 토)

堅固 굳을 견 굳을 고
堅果類 굳을 견 실과 과 무리 류

賢 어질 현 臤(굳을 간) + 貝(조개 패 – 돈)

賢明 어질 현 밝을 명
賢人 어질 현 사람 인
聖賢 성인 성 어질 현

緊 긴할 긴 堅(굳을 견 – 변형) + 糸(실 사)

緊張 긴할 긴 베풀 장
緊急 긴할 긴 급할 급
緊密 긴할 긴 빽빽할 밀

腎 콩팥 신 堅(굳을 견 – 변형) + 月(육달 월)

腎臟 콩팥 신 오장 장
腎虛 콩팥 신 빌 허

竪 세울 수 臤(어질 현 굳을 간) + 立(설 립)

竪立 세울 수 설 립

時間 때 시 사이 간
空間 빌 공 사이 간

사이 간

澗 산골 물 간 水(물 수) + 間(사이 간)

溪澗 시내 계 산골 물 간

簡 간략할 간(대쪽 간) 竹(대 죽) + 間(사이 간)

簡單 간략할 간 홑 단

癇 간질 간 疒(병들어 기댈 녁) + 間(사이 간)

癇疾 간질 간 병 질

뿌리글자로만 의미

그칠 **간**(괘이름 **간**)

根 뿌리 근 木(나무 목) + 艮(그칠 간 멈출 간)

根本 뿌리 근 근본 본
根絶 뿌리 근 끊을 절

眼 눈 안 目(눈 목) + 艮(그칠 간)

眼鏡 눈 안 거울 경
眼球 눈 안 공 구
瞥眼間 깜짝할 별 눈 안 사이 간

銀 은 은 金(쇠 금) + 艮(그칠 간)

銀行 은 은 행할 행
水銀 물 수 은 은
銀粧刀 은 은 단장할 장 칼 도

退 물러날 퇴 辶(쉬엄쉬엄 갈 착) + 艮(그칠 간)

後退 뒤 후 물러날 퇴
退勤 물러날 퇴 부지런할 근
退職 물러날 퇴 직분 직

限 한할 한 阜(언덕 부) + 艮(그칠 간)

限界 한할 한 지경 계
制限 절제할 제 한할 한

恨 한 한 心(마음 심) + 艮(그칠 간)

恨歎 한 한 탄식할 탄
怨恨 원망할 원 한 한

痕 흔적 흔 疒(병들어 기댈 녁) + 艮(그칠 간)

痕迹 흔적 흔 자취 적
血痕 피 혈 흔적 흔

艱 어려울 간 堇(진흙 근) + 艮(그칠 간 멈출 간)

艱辛 어려울 간 매울 신

懇 간절할 간 豸(벌레 치) + 艮(그칠 간) + 心(마음 심)

懇切 간절할 간 끊을 절
懇曲 간절할 간 굽을 곡
懇談會 간절할 간 말씀 담 모일 회

墾 개간할 간 貇(간절할 간) + 土(흙 토)

開墾 열 개 개간할 간

가릴 간

뿌리글자로만 의미

揀 가릴 간 手(손 수) + 柬(가릴 간)

揀擇 가릴 간 가릴 택
分揀 나눌 분 가릴 간

諫 간할 간 言(말씀 언) + 柬(가릴 간)

諫言 간할 간 말씀 언
諫議 간할 간 의논할 의

煉 달굴 련 火(불 화) + 柬(가릴 간)

煉炭 달굴 련 숯 탄

鍊 불릴 련(단련할 련) 金(쇠 금) + 柬(가릴 간)

鍛鍊 불릴 단 단련할 련
訓鍊 가르칠 훈 단련할 련
試鍊 시험 시 단련할 련

練 익힐 련 糸(실 사) + 柬(가릴 간)

練習 익힐 련 익힐 습
未練 아닐 미 익힐 련

練兵場 익힐 련 병사 병 마당 장

瀾 물결 란　水(물 수) + 闌(가로막을 란)

波瀾 물결 파 물결 란

爛 빛날 란　火(불 화) + 闌(가로막을 란)

燦爛 빛날 찬 빛날 란

欄 난간 란　木(나무 목) + 闌(가로막을 란)

欄干 난간 란 방패 간
空欄 빌 공 난간 란

蘭 난초 란　艸(풀 초) + 闌(가로막을 란)

蘭草 난초 란 풀 초

뿌리글자로만 의미

해 돋을 간

幹 줄기 간 倝(해 돋을 간) + 干(방패 간)

根幹 뿌리 근 줄기 간
幹線道路 줄기 간 줄 선 길 도 길 로

澣 빨래할 한(열흘 한) 水(물 수) + 幹(줄기 간)

澣衣 빨래할 한 옷 의
三澣=三旬 석 삼 열흘 한 = 석 삼 열흘 순(상순 중순 하순)

翰 편지 한 倝(해 돋을 간) + 羽(깃 우)

書翰 글 서 편지 한

斡 돌 알(돌다) 倝(해 돋을 간) + 斗(말 두)

斡旋 돌 알 돌 선 : 남의 일을 잘 되도록 함

乾 하늘 건(마를 건) 倝(해 돋을 간) + 乙(새 을)

乾坤 하늘 건 땅 곤
乾燥 마를 건 마를 조
乾達 하늘 건 통달할 달

뿌리글자로만 의미

어찌 갈

渴 목마를 갈 水(물 수) + 曷(어찌 갈)

渴症 목마를 갈 증세 증
渴望 목마를 갈 바랄 망

喝 꾸짖을 갈 口(입 구) + 曷(어찌 갈)

恐喝 두려울 공 꾸짖을 갈
喝取 꾸짖을 갈 가질 취

褐 갈색 갈(굵은 베 갈) 衣(옷 의) + 葛(칡 갈 - 변형)

褐色 갈색 갈 빛 색

鞨 말갈 갈 革(가죽 혁) + 竭(다할 갈 - 변형)

靺鞨 말갈 말 말갈 갈

葛 칡 갈 艸(풀 초) + 竭(다할 갈 - 변형)

葛根 칡 갈 뿌리 근

44

謁 뵐 알 言(말씀 언) + 曷(어찌 갈)

謁見 뵐 알 뵈올 현(견)

揭 높이 들 게 手(손 수) + 曷(어찌 갈)

揭示 높이 들 게 보일 시
揭揚 높이 들 게 날릴 양

歇 쉴 헐 曷(어찌 갈 그칠 갈) + 欠(하품 흠)

間歇 사이 간 쉴 헐
歇價 쉴 헐 값 가 : 아주 싼 값

靄 아지랑이 애 雨(비 우) + 謁(뵐 알)

朝靄 아침 조 아지랑이 애
暮靄 저물 모 아지랑이 애

監視 볼 감 볼 시
監督 볼 감 감독할 독
監獄 볼 감 옥 옥
收監 거둘 수 볼 감

볼 감

鑑 거울 감 金(쇠 금) + 監(볼 감)

鑑賞 거울 감 상줄 상
鑑定 거울 감 정할 정
印鑑 도장 인 거울 감

艦 큰 배 함 舟(배 주) + 監(볼 감)

軍艦 군사 군 큰 배 함
潛水艦 잠길 잠 물 수 큰 배 함

檻 난간 함(우리 함) 木(나무 목) + 監(볼 감)

欄檻=欄干 난간 란 난간 함 = 난간 란 방패 간
獸檻 짐승 수 우리 함 : 짐승을 기르는 우리

濫 넘칠 람 水(물 수) + 監(볼 감)

汎濫 넓을 범 넘칠 람
濫發 넘칠 람 필 발
濫用 넘칠 람 쓸 용

籃 대바구니 람 竹(대 죽) + 監(볼 감)

搖籃 흔들 요 대바구니 람 : 아기를 재우는 물건

藍 쪽 람 艹(풀 초) + 監(볼 감)

藍色 쪽 람 빛 색

覽 볼 람 監(볼 감) + 見(볼 견)

觀覽 볼 관 볼 람
閱覽 볼 열 볼 람
遊覽 놀 유 볼 람

鹽 소금 염 監(볼 감 – 변형) + 鹵(소금밭 로)

鹽田 소금 염 밭 전
鹽酸 소금 염 실 산
鹽度 소금 염 법도 도

敢 勇敢 날랠 용 감히 감
果敢 실과 과 감히 감

감히 감

瞰 굽어볼 감 目(눈 목) + 敢(감히 감)

鳥瞰圖 새 조 굽어볼 감 그림 도

嚴 엄할 엄 厂(굴바위 엄) + 口(입 구) + 敢(감히 감)

嚴格 엄할 엄 격식 격
嚴肅 엄할 엄 엄숙할 숙

儼 엄연할 엄 人(사람 인) + 嚴(엄할 엄)

儼然 엄연할 엄 그럴 연 : 의젓하고 점잖음

巖 바위 암 山(뫼 산) + 嚴(엄할 엄)

巖石 바위 암 돌 석
奇巖 기이할 기 바위 암

甘草 달 감 풀 초

달 감

柑 귤 감 木(나무 목) + 甘(달 감)

柑橘 귤 감 귤 귤

紺 감색 감 糸(실 사) + 柑(귤 감 – 변형)

紺色 감색 감 빛 색

疳 감질 감 疒(병들어 기댈 녁) + 甘(달 감)

疳疾 감질 감 병 질

甲

鐵甲 쇠 철 갑옷 갑
回甲宴 돌아올 회 천간 갑 잔치 연

갑옷 갑

岬 곶 갑 山(뫼 산) + 甲(갑옷 갑)

沙岬 모래 사 곶 갑 : 모래 곶 = 모래사장

閘 수문 갑 門(문 문) + 甲(갑옷 갑)

閘門 수문 갑 문 문

匣 갑 갑 匚(상자 방) + 甲(갑옷 갑)

紙匣 종이 지 갑 갑
掌匣 손바닥 장 갑 갑
手匣 손 수 갑 갑

鴨 오리 압 甲(갑옷 갑 껍질 갑) + 鳥(새 조)

家鴨 집 가 오리 압

押 누를 압 手(손 수) + 甲(갑옷 갑)

押留 누를 압 머무를 류
押收 누를 압 거둘 수

편안할 강

健康 굳셀 건 편안할 강
康寧 편안할 강 편안할 녕 :
　　　건강하여 마음까지 편함

慷 슬플 강　心(마음 심) + 康(편안 강)

慷慨 슬플 강 슬퍼할 개

糠 겨 강　米(쌀 미) + 康(편안 강)

米糠 쌀 미 겨 강
麥糠 보리 맥 겨 강

51

뿌리글자로만 의미

지경 강

疆 굳셀 강 弓(활 궁) + 畺(지경 강)

盛彊 성할 성 굳셀 강 : 세력이 왕성하고 강함

疆 지경 강 土(흙 토) + 弓(활 궁) + 畺(지경 강)

疆界 지경 강 지경 계 : 강토의 경계

薑 생강 강 艹(풀 초) + 畺(지경 강)

生薑 날 생 생강 강

岡阜 산등성이 강 언덕 부

산등성이 강

綱 벼리 강 糸(실 사) + 岡(산등성이 강)

紀綱 벼리 기 벼리 강
要綱 요긴할 요 벼리 강
綱領 벼리 강 거느릴 령

鋼 강철 강 金(쇠 금) + 岡(산등성이 강)

鋼鐵 강철 강 쇠 철
製鋼 지을 제 강철 강

剛 굳셀 강 岡(산등성이 강) + 刀(칼 도)

剛健 굳셀 강 굳셀 건
金剛山 쇠 금 굳셀 강 뫼 산

崗 언덕 강 山(뫼 산) + 岡(산등성이 강)

花崗巖 꽃 화 언덕 강 바위 암

皆勤賞 다 개 부지런할 근 상줄 상

다 개(모두 개)

階 섬돌 계(층계 계) 阜(언덕 부) + 皆(다 개)

階段 섬돌 계 층계 단
層階 층 층 섬돌 계

偕 함께 해 人(사람 인) + 皆(다 개)

百年偕老 일백 백 해 년 함께 해 늙을 로

楷 본보기 해 木(나무 목) + 皆(다 개)

模楷=模範 본뜰 모 본보기 해 = 본뜰 모 법 범

諧 화할 해 言(말씀 언) + 皆(다 개)

諧謔的 화할 해 희롱할 학 과녁 적

介 낄 개

紹介 이을 소 낄 개
媒介體 중매 매 낄 개 몸 체

芥 겨자 개　艹(풀 초) + 介(낄 개)

芥子 겨자 개 아들 자

界 지경 계　田(밭 전) + 介(낄 개)

世界 인간 세 지경 계
限界 한할 한 지경 계

巨 클 거

巨額 클 거 이마 액
巨創 클 거 비롯할 창

拒 막을 거 手(손 수) + 巨(클 거)

拒絶 막을 거 끊을 절
抗拒 겨룰 항 막을 거
拒逆 막을 거 거스릴 역
拒食症 막을 거 먹을 식 증세 증

距 상거할 거(떨어질 거) 足(발 족) + 巨(클 거)

距離 상거할 거 떠날 리

渠 개천 거 水(물 수) + 巨(클 거) + 木(나무 목)

街渠 거리 가 개천 거

矩 법도 구(모날 구) 矢(화살 시) + 巨(클 거)

矩步 법도 구 걸음 보 : 올바른 걸음걸이
規矩 법 규 법도 구 : 거리를 재는 도구

뿌리글자로만 의미

원숭이 거

據 근거 거 手(손 수) + 豦(원숭이 거)

根據 뿌리 근 근거 거
據點 근거 거 점 점

醵 추렴할 갹 / 거 酒(술 주) + 據(근거 거) – 변형 합체자

醵出 추렴할 갹 날 출

劇 심할 극 (연극 극) 豦(원숭이 거) + 刂(칼 도)

劇的 심할 극 과녁 적
演劇 펼 연 연극 극

自動車 스스로 자 움직일 동 수레 차
自轉車 스스로 자 구를 전 수레 거

수레 거/차

軋 삐걱거릴 알　車(수레 거/차) + 乙(새 을 – 구부정한 모습 – 변형)

軋轢 삐걱거릴 알 칠 력

輕 가벼울 경　車(수레 거/차) + 巠(물줄기 경)

輕重 가벼울 경 무거울 중

庫 곳집 고　广(집 엄) + 車(수레 차)

倉庫 곳집 창 곳집 고

陣 진 칠 진　阜(언덕 부) + 車(수레 거/차)

布陣 펼 포 진 칠 진

輿 수레 여　車(수레 거/차) + 舁(들 거 – 변형)

輿論 수레 여 논할 론
輿駕 수레 여 수레 가

轟 울릴 굉　車(수레 거/차) + 車(수레 거/차) + 車(수레 거/차)

轟音 울릴 굉 소리 음

58

去來 갈 거 올 래
去就 갈 거 나아갈 취
逝去 갈 서 갈 거

갈 거

却 물리칠 각 去(갈 거) + 卩(무릎 꿇은 병부 절 – 변형)

燒却 불사를 소 물리칠 각
賣却 팔 매 물리칠 각
棄却 버릴 기 물리칠 각
忘却 잊을 망 물리칠 각

脚 다리 각 月(육달 월) + 去(갈 거) + 卩(무릎 꿇은 병부 절)

橋脚 다리 교 다리 각
立脚 설 립 다리 각
脚本 다리 각 근본 본

法 법 법 水(물 수) + 去(갈 거)

憲法 법 헌 법 법
法律 법 법 법칙 률
違法 어긋날 위 법 법
法院 법 법 집 원

怯 겁낼 겁 心(마음 심) + 去(갈 거)

食怯 먹을 식 겁낼 겁

卑怯 낮을 비 겁낼 겁

劫 위협할 겁 去(갈 거) + 力(힘 력)

劫掠 위협할 겁 노략질할 략
億劫 억 억 위협할 겁

蓋 덮을 개 艸(풀 초) + 去(갈 거) + 皿(그릇 명)

膝蓋骨 무릎 슬 덮을 개 뼈 골

建
세울 건

建物 세울 건 물건 물
建築 세울 건 쌓을 축

健 굳셀 건　人(사람 인) + 建(세울 건)

健康 굳셀 건 편안할 강
保健 지킬 보 굳셀 건

腱 힘줄 건　月(육달 월) + 建(세울 건)

腱鞘炎 힘줄 건 칼집 초 불꽃 염

鍵 열쇠 건(건반 건)　金(쇠 금) + 建(세울 건)

關鍵 관계할 관 열쇠 건
鍵盤 건반 건 소반 반
施鍵裝置 베풀 시 열쇠 건 꾸밀 장 둘 치

뿌리글자로만 의미

막을 격(솥 력)

膈 가슴 격 月(육달 월) + 鬲(막을 격)

橫膈膜 가로 횡 가슴 격 막 막

隔 사이 뜰 격 阜(언덕 부) + 鬲(막을 격)

間隔 사이 간 사이 뜰 격

融 녹을 융 鬲(막을 격) + 虫(벌레 충)

融解 녹을 융 풀 해
金融 쇠 금 녹을 융

뿌리글자로만 의미

평평할 견

形 모양 형 井(우물 정) + 彡(터럭 삼)

形態 모양 형 모습 태
變形 변할 변 모양 형

刑 형벌 형 井(우물 정) + 刀(칼 도)

刑罰 형벌 형 벌할 벌
刑量 형벌 형 헤아릴 량
處刑 곳 처 형벌 형
笞刑 볼기 칠 태 형벌 형

荊 가시나무 형 艸(풀 초) + 刑(형벌 형)

荊棘 가시나무 형 가시 극 : 고난의 길을 비유

型 모형 형 刑(형벌 형) + 土(흙 토)

模型 본뜰 모 모형 형
類型 무리 류 모형 형

開 열 개 門(문 문) + 开(평평할 견)

公開 공평할 공 열 개
開拓 열 개 넓힐 척

忠犬 충성 충 개 견
猛犬 사나울 맹 개 견
愛玩犬 사랑 애 희롱할 완 개 견

개 견

獸 짐승 수 嘼(가축 축) + 犬(개 견)

禽獸 새 금 짐승 수
獸醫師 짐승 수 의원 의 스승 사

哭 울 곡 吅(부르짖을 훤) + 犬(개 견)

* 哭(울 곡) : 소리 내어 울다 / 泣(울 읍) : 소리 없이 울다
痛哭 아플 통 울 곡
哭聲 울 곡 소리 성

器 그릇 기 口(입 구 4개) + 犬(개 견)

器具 그릇 기 갖출 구
臟器 오장 장 그릇 기

獻 바칠 헌(드릴 헌) 鬳(솥 권) + 犬(개 견)

獻血 바칠 헌 피 혈
貢獻 바칠 공 드릴 헌

偏見 치우칠 편 볼 견
謁見 뵐 알 뵈올 현

볼 견(뵈올 현)

現 나타날 현 玉(구슬 옥) + 見(볼 견)

表現 겉 표 나타날 현
現金 나타날 현 쇠 금

親 친할 친 立(설 립) + 木(나무 목) + 見(볼 견)

親舊 친할 친 옛 구
親戚 친할 친 친척 척

硯 벼루 연 石(돌 석) + 見(볼 견)

硯滴 벼루 연 물방울 적 : 벼룻물 담은 그릇

覓 찾을 멱 爪(손톱 조) + 見(볼 견)

覓去 찾을 멱 갈 거
覓來 찾을 멱 올 래

寬 너그러울 관 宀(집 면) + 萈(뿔 있는 산양 환)

寬大 너그러울 관 클 대
寬容 너그러울 관 얼굴 용

兼備 겸할 겸 갖출 비
兼職 겸할 겸 직분 직

겸할 겸

謙 겸손할 겸 言(말씀 언) + 兼(겸할 겸)

謙遜 겸손할 겸 겸손할 손
謙虛 겸손할 겸 빌 허

嫌 싫어할 혐 女(여자 녀) + 兼(겸할 겸)

嫌惡 싫어할 혐 미워할 오
嫌疑 싫어할 혐 의심할 의

廉 청렴할 렴 广(집 엄) + 兼(겸할 겸)

淸廉 맑을 청 청렴할 렴
低廉 낮을 저 청렴할 렴
廉價 청렴할 렴 값 가
廉恥 청렴할 렴 부끄러울 치

簾 발 렴 竹(대 죽) + 廉(청렴할 렴)

下簾 아래 하 발 렴 : 발을 내림

66

마침내 경

畢竟 마칠 필 마침내 경 :
마침내 결국에는

鏡 거울 경 金(쇠 금) + 竟(마침내 경)

眼鏡 눈 안 거울 경
顯微鏡 나타날 현 작을 미 거울 경
望遠鏡 바랄 망 멀 원 거울 경

境 지경 경 土(흙 토) + 竟(마침내 경)

境界 지경 경 지경 계
境遇 지경 경 만날 우
困境 곤할 곤 지경 경
環境 고리 환 지경 경

뿌리글자로만 의미

놀라서 볼 경

 고리 환　玉(구슬 옥) + 睘(놀라서 볼 경)

環境 고리 환 지경 경
血液循環 피 혈 진 액 돌 순 고리 환

還 돌아올 환　辶(쉬엄쉬엄 갈 착) + 睘(놀라서 볼 경)

返還 돌이킬 반 돌아올 환
償還 갚을 상 돌아올 환
歸還 돌아갈 귀 돌아올 환

뿌리글자로만 의미

물줄기 경

經 지날 경　糸(실 사) + 巠(물줄기 경)

經驗 지날 경 시험 험
經營 지날 경 경영할 영
經歷 지날 경 지날 력

徑 지름길 경　彳(걸을 척) + 巠(물줄기 경)

捷徑 빠를 첩 지름길 경
半徑 반 반 지름길 경 : 반지름

輕 가벼울 경　車(수레 거/차) + 巠(물줄기 경)

輕視 가벼울 경 볼 시
輕薄 가벼울 경 얇을 박
輕犯罪 가벼울 경 범할 범 허물 죄

脛 정강이 경　月(육달 월) + 巠(물줄기 경)

脛骨 정강이 경 뼈 골

頸 목 경　巠(물줄기 경) + 頁(머리 혈)

頸椎 목 경 등골 추

勁 굳셀 경 莖(물줄기 경) + 力(힘 력)

剛勁 굳셀 강 굳셀 경

莖 줄기 경 艸(풀 초) + 莖(물줄기 경)

塊莖 덩어리 괴 줄기 경 : 덩이줄기
男莖＝陰莖 사내 남 줄기 경 = 그늘 음 줄기 경

痙 경련 경 疒(병들어 기댈 녁) + 莖(물줄기 경)

痙攣 경련 경 경련할 련

 恭敬 공손할 공 공경 경

敬禮 공경 경 예도 례

敬老堂 공경 경 늙을 로 집 당

공경 경

驚 놀랄 경 苟(진실로 구 구차할 구) + 攵(칠 복) + 馬(말 마)

驚起 놀랄 경 일어날 기

驚愕 놀랄 경 놀랄 악

驚歎 놀랄 경 탄식할 탄

警 경계할 경(깨우칠 경) 敬(공경 경) + 言(말씀 언)

警戒 경계할 경 경계할 계

警告 경계할 경 고할 고

警察 경계할 경 살필 찰

警覺心 깨우칠 경 깨달을 각 마음 심

更 고칠 경(다시 갱)

變更 변할 변 고칠 경
更迭 고칠 경 번갈아들 질
更新 다시 갱 새 신
更生 다시 갱 날 생

硬 굳을 경 石(돌 석) + 更(고칠 경 다시 갱)

硬直 굳을 경 곧을 직
動脈硬化 움직일 동 줄기 맥 굳을 경 될 화

梗 막힐 경(줄기 경) 木(나무 목) + 更(고칠 경 다시 갱)

腦梗塞 골 뇌 막힐 경 막힐 색
桔梗 도라지 길 줄기 경 : 도라지

便 똥오줌 변(편할 편) 人(사람 인) + 更(고칠 경 다시 갱)

小便 작을 소 똥오줌 변
簡便 간략할 간 편할 편
便紙 편할 편 종이 지

鞭 채찍 편 革(가죽 혁) + 便(편할 편 똥오줌 변)

指導鞭撻 가리킬 지 인도할 도 채찍 편 때릴 달

甦 깨어날 소 更(고칠 경 다시 갱) + 生(살 생)

甦生=蘇生 깨어날 소 날 생 = 되살아날 소 날 생

京畿 서울 경 경기 기

서울 경

景 볕 경 日(해 일) + 京(서울 경)

景致 볕 경 이를 치
背景 등 배 볕 경
絶景 끊을 절 볕 경
不景氣 아닐 불 볕 경 기운 기

璟 옥빛 경 玉(구슬 옥) + 景(볕 경)

憬 깨달을 경 心(마음 심) + 景(볕 경)

憧憬 동경할 동 깨달을 경

鯨 고래 경 魚(물고기 어) + 京(서울 경)

捕鯨船 잡을 포 고래 경 배 선

影 그림자 영 景(볕 경) + 彡(터럭 삼)

攝影 사진찍을 촬 그림자 영
影幀 그림자 영 그림족자 정
影響 그림자 영 울릴 향

涼 서늘할 량 水(물 수) + 京(서울 경)

清涼劑 맑을 청 서늘할 량 약제 제

諒 살펴 알 량 言(말씀 언) + 京(서울 경)

諒解 살펴 알 량 풀 해

掠 노략질할 략 手(손 수) + 京(서울 경)

擄掠 노략질할 로 노략질할 략
侵掠 침노할 침 노략질할 략
攻掠 칠 공 노략질할 략

體系 몸 체 맬 계
生態系 날 생 모습 태 맬 계

맬 계

係 맬 계 人(사람 인) + 系(맬 계)

關係 관계할 관 맬 계
系＝係＝繫 맬 계 (매다 이어 매다)

孫 손자 손 子(아들 자) + 系(맬 계)

孫子 손자 손 아들 자
後孫 뒤 후 손자 손

遜 겸손할 손 辶(쉬엄쉬엄 갈 착) + 孫(손자 손)

謙遜 겸손할 겸 겸손할 손
恭遜 공손할 공 겸손할 손
遜色 겸손할 손 빛 색

뿌리글자로만 의미

북방 계(천간 계)

揆 헤아릴 규 手(손 수) + 癸(북방 계 천간 계)

度揆 법도 도 헤아릴 규 : 규칙 법칙

葵 해바라기 규(아욱 규) 艸(풀 초) + 癸(북방 계 천간 계)

蜀葵 나라이름 촉 해바라기 규 : 접시 꽃
冬葵 겨울 동 아욱 규 : 아욱

雇用 품 팔 고 쓸 용 : 삯을 주고 사람을 부림
解雇 풀 해 품 팔 고 : 고용주가 그만두게 함

품 팔 고

顧 돌아볼 고 雇(품 팔 고) + 頁(머리 혈)

顧客 돌아볼 고 손 객
回顧錄 돌아올 회 돌아볼 고 기록할 록

告 고할 고(알릴 고)

廣告 넓을 광 고할 고　　告白 고할 고 흰 백
告訴 고할 고 호소할 소　　原告 근원 원 고할 고
被告 입을 피 고할 고

造 지을 조　辶(쉬엄쉬엄 갈 착) + 告(고할 고)

製造 지을 제 지을 조
僞造 거짓 위 지을 조

浩 넓을 호　水(물 수) + 告(고할 고)

浩歌 넓을 호 노래 가 : 큰 소리로 노래 부름
浩博 넓을 호 넓을 박 : 매우 크고 넓음

晧 밝을 호　日(해 일) + 告(고할 고)

晧月 밝을 호 달 월

皓 흴 호　白(흰 백) + 告(고할 고)

皓齒 흴 호 이 치

酷 심할 혹　酒(술 주 - 변형) + 告(고할 고)

苛酷 가혹할 가 심할 혹
殘酷 잔인할 잔 심할 혹
酷評 심할 혹 평할 평

78

鵠 고니 곡(과녁 곡) : 告(고할 고) + 鳥(새 조)

白鵠 흰 백 고니 곡

正鵠 바를 정 과녁 곡

높을 고

最高 가장 최 높을 고
高齡化 높을 고 나이 령 될 화

稿 원고 고　禾(벼 화) + 高(높을 고)

原稿 근원 원 원고 고
脫稿 벗을 탈 원고 고

敲 두드릴 고　高(높을 고) + 攴(칠 복)

敲擊 두드릴 고 칠 격

膏 기름 고　高(높을 고) + 月(육달 월)

膏壤 기름 고 흙덩이 양
軟膏 연할 연 기름 고

皜 흴 호　白(흰 백) + 高(높을 고)

皜齒 흴 호 이 치
皜皜白髮 흴 호 흴 호 흰 백 터럭 발 : 온통 하얗게 센 머리 또는 그 노인

鎬 호경 호　金(쇠 금) + 高(높을 고)

蒿 쑥 호 ++(풀 초) + 高(높을 고)

蓬蒿 쑥 봉 쑥 호
艾蒿 쑥 애 쑥 호

嚆 울릴 효 口(입 구) + 艸(풀 초) + 高(높을 고)

嚆矢 울릴 효 화살 시 : 모든 일의 시초

古墳 옛 고 무덤 분
古物 옛 고 물건 물

옛 고

枯 마를 고(시들 고) 木(나무 목) + 古(옛 고)

枯木 마를 고 나무 목
枯渴 마를 고 목마를 갈

姑 시어머니 고 女(여자 녀) + 古(옛 고)

姑婦 시어머니 고 며느리 부
舅姑 시아버지 구 시어머니 고

故 연고 고 古(옛 고) + 攵(칠 복)

緣故 인연 연 연고 고
故鄕 연고 고 시골 향
故障 연고 고 막을 장
故人 연고 고 사람 인

苦 쓸 고 艹(풀 초) + 古(옛 고)

苦難 쓸 고 어려울 난
苦悶 쓸 고 답답할 민
苦杯 쓸 고 잔 배

辜 허물 고 古(옛 고) + 辛(매울 신)

無辜 없을 무 허물 고

固 굳을 고 囗(에워쌀 위) + 古(옛 고)

堅固 굳을 견 굳을 고
確固 굳을 확 굳을 고
固執 굳을 고 잡을 집

痼 고질 고 疒(병들어 기댈 녁) + 固(굳을 고)

痼疾病 고질 고 병 질 병 병

個 낱 개 人(사람 인) + 固(굳을 고)

個人 낱 개 사람 인
個性 낱 개 성품 성
個=箇 낱 개

箇 낱 개 竹(대 죽) + 固(굳을 고)

居 살 거 尸(주검 시) + 古(옛 고)

居住 살 거 살 주
居處 살 거 곳 처
蟄居 숨을 칩 살 거

倨 거만할 거 人(사람 인) + 居(살 거)

倨慢 거만할 거 거만할 만

做 지을 주 人(사람 인) + 故(연고 고)

看做 볼 간 지을 주

祜 복 호 示(보일 시) + 古(옛 고)

溪谷 시내 계 골 곡

골 곡(골짜기 곡)

欲 하고자할 욕　谷(골 곡) + 欠(하품 흠)

意欲 뜻 의 하고자할 욕
欲望 하고자할 욕 바랄 망

慾 욕심 욕　欲(하고자 할 욕) + 心(마음 심)

食慾 먹을 식 욕심 욕
貪慾 탐낼 탐 욕심 욕
過慾 지날 과 욕심 욕

浴 목욕할 욕　水(물 수) + 谷(골 곡)

沐浴湯 목욕할 목 목욕할 욕 끓일 탕
浴槽 목욕할 욕 구유 조

俗 풍속 속　人(사람 인) + 谷(골 곡)

風俗 바람 풍 풍속 속
低俗 낮을 저 풍속 속
俗談 풍속 속 말씀 담
俗稱 풍속 속 일컬을 칭

裕 넉넉할 유 衣(옷 의) + 谷(골 곡)

餘裕 남을 여 넉넉할 유
裕福 넉넉할 유 복 복
富裕層 부유할 부 넉넉할 유 층 층

壑 골 학(골짜기 학) 叡(골 학) + 土(흙 토)

巖壑 바위 암 골 학
澗壑 산골 물 간 골 학 : 물이 흐르는 골짜기

曲線 굽을 곡 줄 선

屈曲 굽힐 굴 굽을 곡

歪曲 기울 왜 굽을 곡

굽을 곡

豊 풍년 풍 제기그릇(豆) 위에 있는 풍성한 음식을 본뜬 상형문자

豊盛 풍년 풍 성할 성

體 몸 체 骨(뼈 골) + 豊(풍성할 풍)

身體 몸 신 몸 체

團體 둥글 단 몸 체

禮 예도 례 示(보일 시) + 豊(풍성할 풍)

禮節 예도 례 마디 절

缺禮 이지러질 결 예도 례

茶禮 차 차(다) 예도 례

葬禮 장사지낼 장 예도 례

醴 단술 례 酒(술 주 – 변형) + 豊(풍년 풍)

甘醴=醴酒 달 감 단술 례 = 단술 례 술 주 : 단 술

昆蟲 벌레 곤 벌레 충
昆弟 맏 곤 아우 제

맏 곤(벌레 곤)

棍 몽둥이 곤 木(나무 목) + 昆(맏 곤 벌레 곤)

棍杖 몽둥이 곤 지팡이 장
棍棒 몽둥이 곤 막대 봉

混 섞을 혼 水(물 수) + 昆(맏 곤 벌레 곤)

混濁 섞을 혼 흐릴 탁
混亂 섞을 혼 어지러울 란

骨格 뼈 골 격식 격
露骨的 이슬 로 뼈 골 과녁 적

뼈 골

骸 뼈 해 骨(뼈 골) + 刻(새길 각 – 변형)

骸骨 뼈 해 뼈 골
遺骸 남길 유 뼈 해

髓 뼛골 수 骨(뼈 골) + 遀(따를 수)

脊髓 등마루 척 뼛골 수

體 몸 체 骨(뼈 골) + 豊(풍년 풍)

體育 몸 체 기를 육
媒體 중매 매 몸 체

猾 교활할 활 犬(개 견) + 滑(미끄러울 활 – 변형)

狡猾 교활할 교 교활할 활

滑 미끄러울 활 水(물 수) + 骨(뼈 골)

圓滑 둥글 원 미끄러울 활
滑走路 미끄러울 활 달릴 주 길 로

共同 한가지 공 한가지 동
共感帶 한가지 공 느낄 감 띠 대
共通點 한가지 공 통할 통 점 점

한가지 공

供 이바지할 공 人(사람 인) + 共(한가지 공)

供給 이바지할 공 줄 급
提供 이끌 제 이바지할 공

拱 팔짱낄 공 手(손 수) + 共(한가지 공)

拱手 팔짱 낄 공 손 수 : 손을 포개어 예를 갖춤

恭 공손할 공 共(한가지 공) + 心(마음 심)

恭遜 공손할 공 겸손할 손
恭敬 공손할 공 공경할 경

洪 넓을 홍 水(물 수) + 共(한가지 공)

洪水 넓을 홍 물 수
洪業 넓을 홍 업 업

哄 떠들썩할 홍 口(입 구) + 共(한가지 공)

哄動 떠들썩할 홍 움직일 동 : 여럿이 지껄이며 떠듦

巷 거리 항 共(한가지 공) + 邑(고을 읍 - 변형)

巷間 거리 항 사이 간

港 항구 항 水(물 수) + 巷(거리 항)

港口 항구 항 입 구
港灣 항구 항 물굽이 만
空港 빌 공 항구 항

公共 공평할 공 한가지 공
公務員 공평할 공 힘쓸 무 인원 원

공평할 공

訟 송사할 송 言(말씀 언) + 公(공평할 공)

訴訟 호소할 소 송사할 송

松 소나무 송 木(나무 목) + 公(공평할 공)

松津 소나무 송 나루 진 : 소나무에서 나오는 액체

頌 칭송할 송 公(공평할 공) + 頁(머리 혈)

稱頌 일컬을 칭 칭송할 송
讚頌歌 기릴 찬 칭송할 송 노래 가

翁 늙은이 옹 公(공평할 공) + 羽(깃 우)

衰翁 쇠할 쇠 늙은이 옹 : 연세 많으신 노인
翁師 늙은이 옹 스승 사 : 늙은 스승

工場 만들 공 마당 장
工業 만들 공 업 업
竣工 마칠 준 만들 공

장인 공(만들 공)

功 공로 공 工(장인 공) + 力(힘 력)

功勞 공로 공 일할 로
成功 이룰 성 공로 공

攻 칠 공 工(장인 공) + 攵(칠 복)

攻擊 칠 공 칠 격

空 빌 공 穴(구멍 혈) + 工(장인 공)

空間 빌 공 사이 간
空想 빌 공 생각 상
航空機 배 항 빌 공 틀 기

貢 바칠 공 工(만들 공) + 貝(조개 패)

貢獻 바칠 공 드릴 헌
朝貢 아침 조 바칠 공 : 종주국에 바치는 일

恐 두려울 공 工(만들 공) + 凡(무릇 범) + 心(마음 심)

恐怖 두려울 공 두려워할 포
恐喝 두려울 공 꾸짖을 갈

恐龍 두려울 공 용 룡

鞏 굳을 공 鞏(굳을 공) + 革(가죽 혁)

鞏固 굳을 공 굳을 고

江 강 강 水(물 수) + 工(장인 공)

江山 강 강 뫼 산
漢江 한수 한 강 강

腔 속 빌 강 月(육달 월) + 空(빌 공)

口腔 입 구 속 빌 강
腹腔 배 복 속 빌 강
胸腔 가슴 흉 속 빌 강

肛 항문 항 月(육달 월) + 工(장인 공)

肛門 항문 항 문 문
脫肛症 벗을 탈 항문 항 증세 증

缸 항아리 항 缶(장군 부 질그릇 부) + 工(장인 공)

魚缸 물고기 어 항아리 항
附缸 붙을 부 항아리 항

項 항목 항 工(장인 공) + 頁(머리 혈)

項目 항목 항 눈 목
條項 가지 조 항목 항

紅 붉을 홍 糸(실 사) + 工(장인 공)

紅顔 붉을 홍 낯 안
粉紅 가루 분 붉을 홍

訌 어지러울 홍 言(말씀 언) + 紅(붉을 홍 – 변형)

訌爭 어지러울 홍 다툴 쟁 : 내분이 일어남

虹 무지개 홍 虫(벌레 충) + 工(장인 공)

彩虹 채색 채 무지개 홍 : 무지개

鴻 기러기 홍 江(강 강) + 鳥(새 조)

鴻雁 기러기 홍 기러기 안 : 큰 기러기와 작은 기러기

果實 실과 과 열매 실
結果 맺을 결 실과 과
因果 인할 인 실과 과

실과 과(열매)

課 공부할 과(과정 과) 言(말씀 언) + 果(실과 과)

課題 공부할 과 제목 제
課外 공부할 과 바깥 외
課程 과정 과 한도 정
課稅 과정 과 세금 세

顆 낟알 과 果(실과 과) + 頁(머리 혈)

顆粒 낟알 과 낟알 립

菓 과자 과 艹(풀 초) + 果(실과 과)

菓子 과자 과 아들 자
製菓 지을 제 과자 과
茶菓會 차 다(차) 과자 과 모일 회

彙 무리 휘 彑(돼지머리 계) + 冖(덮을 멱) + 果(실과 과)

語彙 말씀 어 무리 휘

巢 새집 소 새가 나무 위의 바구니 모양에 앉아있는 모습을 본뜬 상형문자

巢窟 새집 소 굴 굴

卵巢 알 란 새집 소
歸巢本能 돌아갈 귀 새집 소 근본 본 능할 능

裸 벗을 라 衣(옷 의) + 果(실과 과)

裸體 벗을 라 몸 체
全裸 온전할 전 벗을 라

甘瓜 달 감 오이 과 : 참외

木瓜 나무 목 오이 과 :
　　모과로 읽음(모과열매)

오이 과

孤 외로울 고　子(아들 자) + 瓜(오이 과)

孤兒 외로울 고 아이 아

孤立 외로울 고 설 립

孤獨 외로울 고 홀로 독

呱 울 고　口(입 구) + 瓜(오이 과)

呱呱 울 고 울 고 : 젖먹이의 우는 울음

狐 여우 호　犬(개 견) + 瓜(오이 과)

九尾狐 아홉 구 꼬리 미 여우 호

弧 활 호　弓(활 궁) + 瓜(오이 과)

括弧 묶을 괄 활 호 : ( ) 표시

夸 뿌리글자로만 의미

자랑할 과

誇 자랑할 과 言(말씀 언) + 夸(자랑할 과)

誇示 자랑할 과 보일 시

誇張 자랑할 과 베풀 장

袴 바지 고 衣(옷 의) + 夸(자랑할 과)

袴衣 바지 고 옷 의 : 남자가 입는 여름 옷

短袴 짧을 단 바지 고 : 반바지

관계할 관

關係 관계할 관 맬 계
關心 관계할 관 마음 심
機關 틀 기 관계할 관

聯 연이을 련 耳(귀 이) + 絲(실 사 - 변형)

聯關 연이을 련 관계할 관
聯合 연이을 련 합할 합
聯盟 연이을 련 맹세 맹

貫通 꿸 관 통할 통
貫徹 꿸 관 통할 철

꿸 관

慣 익숙할 관 心(마음 심) + 貫(꿸 관)

慣例 익숙할 관 법식 례
習慣 익힐 습 익숙할 관

實 열매 실 宀(집 면) + 貫(꿸 관)

眞實 참 진 열매 실
實踐 열매 실 밟을 천

官廳 벼슬 관 관청 청
官吏 벼슬 관 벼슬아치 리
官僚 벼슬 관 동료 료

벼슬 관

館 집 관 食(밥 식) + 官(벼슬 관)

圖書館 그림 도 글 서 집 관
博物館 넓을 박 물건 물 집 관

棺 널 관 木(나무 목) + 官(벼슬 관)

下棺 아래 하 널 관 : 주검을 무덤에 내림

管 대롱 관(주관할 관) 竹(대 죽) + 官(벼슬 관)

血管 피 혈 대롱 관
管樂器 대롱 관 노래 악 그릇 기
主管 주인 주 주관할 관
管轄 주관할 관 다스릴 할

뿌리글자로만 의미

황새 관

觀 볼 관 雚(황새 관) + 見(볼 견)

觀察 볼 관 살필 찰
觀點 볼 관 점 점
觀光 볼 관 빛 광

灌 물 댈 관 水(물 수) + 雚(황새 관)

灌漑用水 물 댈 관 물 댈 개 쓸 용 물 수 :
         농사에 필요한 물을 논밭에 대는 것

權 권세 권 木(나무 목) + 雚(황새 관)

權勢 권세 권 형세 세
棄權 버릴 기 권세 권
旣得權 이미 기 얻을 득 권세 권

勸 권할 권 雚(황새 관) + 力(힘 력)

勸奬 권할 권 장려할 장
勸誘 권할 권 꾈 유
勸告 권할 권 고할 고

歡 기쁠 환 雚(황새 관) + 欠(하품 흠)

歡喜 기쁠 환 기쁠 희
歡迎 기쁠 환 맞을 영
歡呼 기쁠 환 부를 호
歡=驩 기쁠 환 = 기뻐할 환

光彩 빛 광 채색 채
榮光 영화 영 빛 광

빛 광

胱 오줌통 광 月(육달 월) + 光(빛 광)

膀胱 오줌통 방 오줌통 광

恍 황홀할 황 心(마음 심) + 光(빛 광)

恍惚 황홀할 황 황홀할 홀

晃 밝을 황 日(해 일) + 光(빛 광)

滉 깊을 황 水(물 수) + 晃(밝을 황)

뿌리글자로만 의미

팔뚝 굉

肱 팔뚝 굉 月(육달 월) + 厷(팔뚝 굉)

曲肱 굽을 곡 팔뚝 굉 : 팔을 굽힘
枕肱 베개 침 팔뚝 굉 : 팔을 베개 삼아 벰

宏 클 굉 宀(집 면) + 厷(팔뚝 굉)

宏壯 클 굉 장할 장 : 으리으리하게 큼

雄 수컷 웅 厷(팔뚝 굉) + 隹(새 추)

雌雄 암컷 자 수컷 웅
英雄 꽃부리 영 수컷 웅
雄壯 수컷 웅 장할 장
雄辯 수컷 웅 말씀 변

입 비뚤어질 괘

뿌리글자로만 의미

過 지날 과(허물 과) 辶(쉬엄쉬엄 갈 착) + 咼(입 비뚤어질 괘/와)

通過 통할 통 지날 과
超過 뛰어넘을 초 지날 과
過激 지날 과 격할 격
謝過 사례할 사 지날 과

禍 재앙 화 示(보일 시) + 咼(입 비뚤어질 괘/와)

災禍 재앙 재 재앙 화
禍根 재앙 화 뿌리 근

渦 소용돌이 와 水(물 수) + 咼(입 비뚤어질 괘/와)

旋渦 돌 선 소용돌이 와 : 소용돌이
渦中 소용돌이 와 가운데 중

蝸 달팽이 와 虫(벌레 충) + 咼(입 비뚤어질 괘/와)

蝸牛 달팽이 와 소 우 : 달팽이
蝸螺 달팽이 와 소라 라 : 다슬기

交通 사귈 교 통할 통
交流 사귈 교 흐를 류
交換 사귈 교 바꿀 환

사귈 교

校 학교 교 木(나무 목) + 交(사귈 교)

學校 배울 학 학교 교
校服 학교 교 옷 복

狡 교활할 교 犬(개 견) + 交(사귈 교)

狡猾 교활할 교 교활할 활

絞 목맬 교 糸(실 사) + 交(사귈 교)

絞首刑 목맬 교 머리 수 형벌 형

較 견줄 교 車(수레 거/차) + 交(사귈 교)

比較 견줄 비 견줄 교

蛟 교룡 교(이무기) 虫(벌레 충) + 交(사귈 교)

蛟龍 교룡 교 용 룡

皎 달 밝을 교 白(흰 백) + 交(사귈 교)

皎朗 달 밝을 교 밝을 랑

咬 깨물 교 (새소리 교) 口(입 구) + 交(사귈 교)

咬齒 깨물 교 이 치 : 소리를 내며 이를 갊

郊 들 교 交(사귈 교) + 邑(고을 읍)

近郊 가까울 근 들 교
郊外 들 교 바깥 외

效 본받을 효 交(사귈 교) + 攵(칠 복)

效果 본받을 효 실과 과
效率 본받을 효 비율 율(률)

뿌리글자로만 의미

공교할 교

巧 공교할 교 工(만들 공) + 丂(공교할 교)

工巧 만들 공 공교할 교
巧妙 공교할 교 묘할 묘
技巧 재주 기 공교할 교

污 더러울 오 水(물 수) + 亏(어조사 우)

污名 더러울 오 이름 명
污物 더러울 오 물건 물
污染 더러울 오 물들 염

朽 썩을 후 木(나무 목) + 丂(공교할 교)

老朽 늙을 노 썩을 후
不朽 아닐 불 썩을 후
朽落 썩을 후 떨어질 락 : 낡고 썩어 못쓰게 됨

考 생각할 고 耂(늙을 로) + 丂(공교할 교)

思考 생각 사 생각할 고
參考 참여할 참 생각할 고
再考 두 재 생각할 고

拷 칠 고 手(손 수) + 考(생각할 고)

拷問 칠 고 물을 문
拷訊 칠 고 물을 신

喬木 높을 교 나무 목 :
높이 자라는 나무

높을 교

橋 다리 교 木(나무 목) + 喬(높을 교)

橋梁 다리 교 들보 량
架橋 시렁 가 다리 교

轎 가마 교 車(수레 거/차) + 喬(높을 교)

駕轎 멍에 가 가마 교 : 임금이 타는 가마

矯 바로잡을 교 矢(화살 시) + 喬(높을 교)

矯正 바로잡을 교 바를 정
矯導所 바로잡을 교 인도할 도 바 소

驕 교만할 교 馬(말 마) + 喬(높을 교)

驕慢 교만할 교 거만할 만

僑 더부살이 교 人(사람 인) + 喬(높을 교)

僑民 더부살이 교 백성 민
僑胞 더부살이 교 세포 포

嬌 아리따울 교 女(여자 녀) + 喬(높을 교)

嬌態 아리따울 교 모습 태
嬌聲 아리따울 교 소리 성
嬌童 아리따울 교 아이 동 : 귀여운 남자아이

九九段 아홉 구 아홉 구 층계 단

아홉 구

仇 원수 구　人(사람 인) + 九(아홉 구)

怨仇 원망할 원 원수 구 : 원망스러운 원수

究 연구할 구　穴(구멍 혈) + 九(아홉 구)

研究 갈 연 연구할 구
探究 찾을 탐 연구할 구

鳩 비둘기 구　九(아홉 구) + 鳥(새 조)

鳴鳩 울 명 비둘기 구 : 산비둘기

軌 바퀴자국 궤　車(수레 거/차) + 九(아홉 구)

軌道 바퀴자국 궤 길 도
軌跡 바퀴자국 궤 발자취 적

旭 아침 해 욱　九(아홉 구) + 日(해 일)

旭日昇天 아침 해 욱 날 일 오를 승 하늘 천

抛 던질 포　手(손 수) + 九(아홉 구) + 力(힘 력)

抛棄 던질 포 버릴 기
抛物線 던질 포 물건 물 줄 선

丸 둥글 환 丸(둥글 환)은 仄(기울 측)을 거꾸로 쓴 글자

丸藥 둥글 환 약 약
彈丸 탄알 탄 둥글 환

구할 구

求職 구할 구 직분 직
要求 요긴할 요 구할 구

救 구원할 구 求(구할 구) + 攵(칠 복)

救援 구원할 구 도울 원
救助 구원할 구 도울 조

球 공 구 玉(구슬 옥) + 求(구할 구)

蹴球 찰 축 공 구
地球 땅 지 공 구

갖출 구

道具 길 도 갖출 구
具備 갖출 구 갖출 비
家具 집 가 갖출 구

俱 함께 구 人(사람 인) + 具(갖출 구)

俱存 함께 구 있을 존 : 양친이 모두 살아계심
俱沒 함께 구 빠질 몰 : 양친이 모두 돌아가심

句 = 勹(쌀 포) + 口(입 구)

句節 글귀 구 마디 절
文句 글월 문 글귀 구

글귀 구

拘 잡을 구 手(손 수) + 句(글귀 구)

拘束 잡을 구 묶을 속
拘置所 잡을 구 둘 치 바 소

駒 망아지 구 馬(말 마) + 句(글귀 구)

白駒 흰 백 망아지 구

狗 개 구 犬(개 견) + 句(글귀 구)

黃狗 누를 황 개 구
堂狗 집 당 개 구 : 서당에서 기르는 개

鉤 갈고리 구 金(쇠 금) + 句(글귀 구)

拖鉤 끌 타 갈고리 구 : 줄다리기
鉤曲 갈고리 구 굽을 곡 : 낚시처럼 굽은 것

枸 구기자 구 木(나무 목) + 句(글귀 구)

枸杞子 구기자 구 구기자 기 아들 자

苟 구차할 구 艸(풀 초) + 句(글귀 구)

苟且 구차할 구 또 차
艱苟 어려울 간 구차할 구
懇求 간절할 간 구할 구

區分 구분할 구 나눌 분
區域 지경 구 지경 역

구분할 구(지경 구)

謳 노래 구 言(말씀 언) + 區(구분할 구)

謳吟 노래 구 읊을 음 : 노래를 부름

嘔 게울 구(토하다) 口(입 구) + 區(구분할 구)

嘔吐 게울 구 토할 토
嘔逆 게울 구 거스릴 역

驅 몰 구 馬(말 마) + 區(구분할 구)

驅使 몰 구 부릴 사
驅迫 몰 구 핍박할 박
驅蟲 몰 구 벌레 충
先驅者 먼저 선 몰 구 놈 자

軀 몸 구 身(몸 신) + 區(구분할 구)

體軀 몸 체 몸 구
巨軀 클 거 몸 구

嶇 험할 구 山(뫼 산) + 區(구분할 구)

崎嶇 험할 기 험할 구 : 산이 가파르고 험함

毆 때릴 구 區(구분할 구) + 殳(몽둥이 수)

殿打 때릴 구 칠 타

歐 구라파 구(유럽) 區(구분할구) + 欠(하품 흠)

歐羅巴 구라파 구 벌일 라 꼬리 파

뿌리글자로만 의미

놀랄 구

懼 두려워할 구 心(마음 심) + 瞿(놀랄 구)

悚懼 두려울 송 두려워할 구
疑懼心 의심할 의 두려워할 구 마음 심

衢 네거리 구 行(다닐 행) + 瞿(놀랄 구)

康衢 편안할 강 네거리 구 : 두루 통하는 큰 거리

永久 길 영 오랠 구

오랠 구

灸 뜸 구 久(오랠 구) + 火(불 화)

鍼灸 침 침 뜸 구

樞 널 구 木(나무 목) + 匚(상자 방) + 久(오랠 구)

靈樞 신령 령 널 구

畞 이랑 무(묘) 高(높을 고 - 변형) + 田(밭 전) + 久(오랠 구)

一畞 한 일 이랑 무
畞溝 이랑 묘 도랑 구

뿌리글자로만 의미

짤 구

構 얽을 구 木(나무 목) + 冓(짤 구)

構造 얽을 구 지을 조
構圖 얽을 구 그림 도
構築 얽을 구 쌓을 축

購 살 구 貝(조개 패) + 冓(짤 구)

購入 살 구 들 입
購買 살 구 살 매
購讀 살 구 읽을 독

溝 도랑 구 水(물 수) + 冓(짤 구)

下水溝 아래 하 물 수 도랑 구

講 외울 강 言(말씀 언) + 冓(짤 구)

講義 외울 강 옳을 의
講壇 외울 강 단 단
開講 열 개 외울 강
講師 외울 강 스승 사

움킬 국

뿌리글자로만 의미

菊 국화 국 艹(풀 초) + 勹(쌀 포) + 米(쌀 미)

菊花 국화 국 꽃 화
黃菊 누를 황 국화 국 : 꽃이 노란 국화

鞠 국문할 국(공 국) 革(가죽 혁) + 匊(움킬 국)

鞠問 국문할 국 물을 문 : 임금이 죄인을 신문함
蹴鞠 찰 축 공 국

尹(다스릴 윤 성씨 윤) + 口(입 구)

君臣 임금 군 신하 신

임금 군

郡 고을 군 君(임금 군) + 邑(고을 읍)

郡守 고을 군 지킬 수

群 무리 군 君(임금 군) + 羊(양 양)

群衆 무리 군 무리 중

窘 군색할 군 穴(구멍 혈) + 君(임금 군)

窘塞 군색할 군 막힐 색
窘乏 군색할 군 모자랄 핍

軍士 군사 군 선비 사
軍隊 군사 군 무리 대

군사 군

揮 휘두를 휘 手(손 수) + 軍(군사 군)

指揮 가리킬 지 휘두를 휘
發揮 필 발 휘두를 휘

輝 빛날 휘 光(빛 광) + 軍(군사 군)

輝煌燦爛 빛날 휘 빛날 황 빛날 찬 빛날 란

運 옮길 운 辶(쉬엄쉬엄 갈 착) + 軍(군사 군)

運動 옮길 운 움직일 동
運轉 옮길 운 구를 전
運命 옮길 운 목숨 명

渾 흐릴 혼(뒤섞일 혼) 水(물 수) + 軍(군사 군)

渾身 흐릴 혼 몸 신

暈 무리 훈(어지러울 운) 日(해 일) + 軍(군사 군)

眩暈 어지러울 현 무리 훈
暈圍 어지러울 운 에워쌀 위

127

洋弓 큰 바다 양 활 궁

활 궁

躬 몸 궁 身(몸 신) + 弓(활 궁)

聖躬 성인 성 몸 궁 : 임금의 몸

窮 다할 궁(궁할 궁) 穴(구멍 혈) + 躬(몸 궁)

困窮 곤할 곤 궁할 궁
窮極的 다할 궁 다할 극 과녁 적

弘 클 홍(넓을 홍) 弓(활 궁) + 厶(사사 사)

弘報 클 홍 알릴 보

泓 물 깊을 홍 水(물 수) + 弘(클 홍)

深泓 깊을 심 물 깊을 홍 : 깊은 연못

強 강할 강 弘(넓을 홍) + 虫(벌레 충)

強弱 강할 강 약할 약

弼 도울 필 弓(활 궁) + 百(일백 백) + 弓(활 궁)

輔弼 도울 보 도울 필

開卷 열 개 책 권 : 책을 펼침
席卷 자리 석 말 권

책 권(말 권)

捲 거둘 권 手(손 수) + 卷(책 권 말 권)

捲線機 거둘 권 줄 선 틀 기 : 줄을 감는 기계

倦 게으를 권 人(사람 인) + 卷(책 권 말 권)

倦怠 게으를 권 게으를 태

圈 우리 권(테두리) 囗(에워쌀 위) + 卷(책 권 말 권)

圈域 우리 권 지경 역
首都圈 머리 수 도읍 도 우리 권

券 문서 권 蜷(구부릴 권 – 변형) + 刀(칼 도)

證券 증거 증 문서 권
旅券 나그네 려 문서 권
搭乘券 탈 탑 탈 승 문서 권

拳 주먹 권 蜷(구부릴 권 – 변형) + 手(손 수)

拳銃 주먹 권 총 총
拳鬪 주먹 권 싸울 투
跆拳道 밟을 태 주먹 권 도리 도(길 도)

眷 돌볼 권 養(기를 양 – 변형) + 目(눈 목)

眷佑 돌볼 권 도울 우 : 보살피고 도와줌

뿌리글자로만 의미

상기 궐

厥 그 궐 厂(굴바위 엄) + 欮(상기 궐)

厥公 그 궐 공평할 공 : 그 분

蹶 일어설 궐(넘어질 궐) 足(발 족) + 厥(그 궐)

蹶起 일어설 궐 일어날 기

闕 대궐 궐(빠질 궐) 門(문 문) + 欮(상기 궐)

大闕 큰 대 대궐 궐
宮闕 집 궁 대궐 궐

鬼神 귀신 귀 귀신 신
魔鬼 마귀 마 귀신 귀

귀신 귀

傀 허수아비 괴   人(사람 인) + 鬼(귀신 귀)

傀儡 허수아비 괴 꼭두각시 뢰

愧 부끄러울 괴   心(마음 심) + 鬼(귀신 귀)

自愧 스스로 자 부끄러울 괴

塊 덩어리 괴   土(흙 토) + 鬼(귀신 귀)

金塊 쇠 금 덩어리 괴

槐 회화나무 괴   木(나무 목) + 鬼(귀신 귀)

槐枝 회화나무 괴 가지 지

醜 추할 추   酒(술 주 – 변형) + 鬼(귀신 귀)

醜態 추할 추 모습 태

魅 매혹할 매(도깨비 매)   鬼(귀신 귀) + 未(아닐 미)

魅惑 매혹할 매 미혹할 혹

132

蒐 모을 수 艸(풀 초) + 鬼(귀신 귀)

蒐集 모을 수 모을 집

魂 넋 혼 云(이를 운) + 鬼(귀신 귀)

魄 넋 백 白(흰 백) + 鬼(귀신 귀)

貴族 귀할 귀 겨레 족
貴賓 귀할 귀 손 빈
稀貴 드물 희 귀할 귀

귀할 귀

遺 남길 유 辶(쉬엄쉬엄 갈 착) + 貴(귀할 귀)

遺産 남길 유 낳을 산
遺憾 남길 유 섭섭할 감
後遺症 뒤 후 남길 유 증세 증

潰 무너질 궤 水(물 수) + 貴(귀할 귀)

潰滅 무너질 궤 멸할 멸
胃潰瘍 위장 위 무너질 궤 헐 양

櫃 궤 궤 木(나무 목) + 匱(다할 궤 상자 궤)

書櫃 글 서 궤 궤 : 책을 넣어 두는 궤짝

玉圭 구슬 옥 홀 규 : 임금이 사용하는 홀

서옥 규(홀 규)

硅 규소 규 石(돌 석) + 圭(서옥 규)

硅素 규소 규 본디 소

閨 안방 규 門(문 문) + 圭(서옥 규 홀 규)

閨房 안방 규 방 방
閨秀 안방 규 빼어날 수 : 남의 집 처녀를 높임

奎 별 규 大(큰 대) + 圭(서옥 규 홀 규)

奎星 별 규 별 성

卦 점괘 괘 圭(서옥 규 홀 규) + 卜(점 복)

占卦 점칠 점 점괘 괘

掛 걸 괘 手(손 수) + 卦(점괘 괘)

掛鐘 걸 괘 쇠북 종
掛念 걸 괘 생각 념
掛心 걸 괘 마음 심 : 마음에 두고 잊지 않음

罫 줄 괘(줄, 선) 罒(그물 망) + 卦(점괘 괘)

罫線 줄 괘 줄 선

桂 계수나무 계 木(나무 목) + 圭(서옥 규 홀 규)

桂樹 계수 계 나무 수

佳 아름다울 가 人(사람 인) + 圭(서옥 규 홀 규)

佳約 아름다울 가 맺을 약
仲秋佳節 버금 중 가을 추 아름다울 가 마디 절 : 추석(음력 8월 15일)

街 거리 가 行(다닐 행) + 圭(서옥 규 홀 규)

街路樹 거리 가 길 로 나무 수
住宅街 살 주 집 택(댁) 거리 가

涯 물가 애(끝 한계) 水(물 수) + 厓(언덕 애)

生涯 날 생 물가 애 : 살아있는 한평생동안

뿌리글자로만 의미

진흙 근

謹 삼갈 근 言(말씀 언) + 菫(진흙 근)

謹愼 삼갈 근 삼갈 신
謹弔 삼갈 근 조상할 조 : 삼가 조상(弔喪)함

饉 주릴 근 食(밥 식) + 菫(진흙 근)

飢饉 주릴 기 주릴 근

槿 무궁화 근 木(나무 목) + 菫(진흙 근)

槿花 무궁화 근 꽃 화

僅 겨우 근 人(사람 인) + 菫(진흙 근)

僅少 겨우 근 적을 소
僅僅 겨우 근 겨우 근

瑾 아름다운 옥 근 玉(구슬 옥) + 菫(진흙 근)

瑕瑾 허물 하 아름다운 옥 근 : 흠 결점 단점

覲 뵐 근 菫(진흙 근) + 見(볼 견)

覲見 뵐 근 뵈올 현(볼 견) : 윗사람을 만나 뵘

勤 부지런할 근 堇(진흙 근) + 力(힘 력)

勤務 부지런할 근 힘쓸 무
皆勤 다 개 부지런할 근
缺勤 이지러질 결 부지런할 근
勤儉節約 부지런할 근 검소할 검 마디 절 맺을 약

難 어려울 난(란) 堇(진흙 근) + 隹(새 추)

家難 집 가 어려울 난
論難 논할 론 어려울 란

灘 여울 탄 水(물 수) + 難(어려울 난)

沙灘 모래 사 여울 탄 : 모래가 깔린 여울

歎 탄식할 탄 堇(진흙 근) + 欠(하품 흠)

歎息 탄식할 탄 쉴 식
感歎 느낄 감 탄식할 탄
慨歎 슬퍼할 개 탄식할 탄

漢 한수 한(한나라 한) 水(물 수) + 堇(진흙 근)

漢江 한수 한 강 강

뿌리
글자

斤

斧斤 도끼 부 도끼 근
千斤萬斤 일천 천 근 근 일만 만 근 근

도끼 근(근 근)

近 가까울 근　辶(쉬엄쉬엄 갈 착) + 斤(도끼 근)

隣近 이웃 린 가까울 근
接近 이을 접 가까울 근
最近 가장 최 가까울 근

沂 물 이름 기　水(물 수) + 斤(도끼 근)

新 새 신　立(설 립) + 木(나무 목) + 斤(도끼 근)

新聞 새 신 들을 문
新鮮 새 신 고울 선

薪 섶 신(땔나무)　艹(풀 초) + 新(새 신)

柴薪 섶 시 섶 신 (땔나무)

析 쪼갤 석　木(나무 목) + 斤(도끼 근)

分析 나눌 분 쪼갤 석
解析 풀 해 쪼갤 석

晳 밝을 석 析(쪼갤 석) + 日(해 일)

明晳 밝을 명 밝을 석

折 꺾을 절 手(손 수) + 斤(도끼 근)

骨折 뼈 골 꺾을 절
挫折 꺾을 좌 꺾을 절

哲 밝을 철 折(꺾을 절) + 口(입 구)

哲學 밝을 철 배울 학

斯 이 사 其(그 기) + 斤(도끼 근)

如斯 같을 여 이 사

斷 끊을 단 㡭(이을 계) + 斤(도끼 근)

斷食 끊을 단 먹을 식
判斷 판단할 판 끊을 단

欣 기쁠 흔 斤(도끼 근) + 欠(하품 흠)

欣快 기쁠 흔 쾌할 쾌

匠 장인 장 匚(상자 방) + 斤(도끼 근)

名匠 이름 명 장인 장

丘 언덕 구 : 흙 위에 솟은 높지 않은 언덕의 모양을 본뜬 상형문자

岳 큰 산 악 됴(언덕 구) + 山(뫼 산)

只今 다만 지 이제 금
昨今 어제 작 이제 금
古今 옛 고 이제 금

이제 금

琴 거문고 금 玉(구슬 옥) + 玉(구슬 옥) + 今(이제 금)

伽倻琴 절 가 가야 야 거문고 금

衾 이불 금 今(이제 금) + 衣(옷 의)

衾枕 이불 금 베개 침

矜 자랑할 긍 矛(창 모) + 今(이제 금)

矜持 자랑할 긍 가질 지
矜恤 자랑할 긍 불쌍할 휼 : 가엾게 여겨 도움
自矜心 스스로 자 자랑할 긍 마음 심

吟 읊을 음 口(입 구) + 今(이제 금)

呻吟 읊조릴 신 읊을 음
吟味 읊을 음 맛 미

念 생각 념 今(이제 금) + 心(마음 심)

念慮 생각 념 생각할 려
執念 잡을 집 생각 념
默念 잠잠할 묵 생각 념

머금을 함 今(이제 금) + 口(입 구)

包含 쌀 포 머금을 함
含蓄 머금을 함 모을 축

 탐낼 탐 今(이제 금) + 貝(조개 패)

貪慾 탐낼 탐 욕심 욕

새 금

禽獸 새 금 짐승 수
禽獲 새 금 얻을 획
猛禽類 사나울 맹 새 금 무리 류 :
　　　　매 독수리…

擒 사로잡을 금　手(손 수) + 禽(새 금)

生擒 날 생 사로잡을 금
囚擒 가둘 수 사로잡을 금 : 포로

稅金 세금 세 쇠 금
資金 재물 자 쇠 금
金融 쇠 금 녹을 융

쇠 금(성씨 김)

釗 쇠 쇠 金(쇠 금) + 刀(칼 도)

鐵 쇠 철 金(쇠 금) + 𢧜(어조사 재) + 王(임금 왕)

銑 무쇠 선 金(쇠 금) + 先(먼저 선)

針 바늘 침 金(쇠 금) + 十(열 십 - 사방)

釘 못 정 金(쇠 금) + 丁(고무래 정 장정 정)

鈗 병기 윤 金(쇠 금) + 允(맏 윤 진실로 윤)

林(수풀 림) + 示(보일 시)

禁止 금할 금 그칠 지
禁煙 금할 금 연기 연
監禁 볼 감 금할 금
拘禁 잡을 구 금할 금

금할 금

襟 옷깃 금 衣(옷 의) + 禁(금할 금)

衣襟 옷 의 옷깃 금
胸襟 가슴 흉 옷깃 금 : 가슴 속에 품은 생각

人(사람 인) + 又(또 우 – 변형)

普及 넓을 보 미칠 급
波及 물결 파 미칠 급
遡及 거스를 소 미칠 급

미칠 급(닿다)

扱 미칠 급(취급하다) 手(손 수) + 及(미칠 급)

取扱 가질 취 미칠 급

汲 물 길을 급 水(물 수) + 及(미칠 급)

汲引 물 길을 급 끌 인 : 물을 길어서 올림

級 등급 급 糸(실 사) + 及(미칠 급)

等級 무리 등 등급 급
階級 섬돌 계 등급 급
學級 배울 학 등급 급
留級 머무를 류 등급 급

吸 마실 흡 口(입 구) + 及(미칠 급)

呼吸 부를 호 마실 흡
吸收 마실 흡 거둘 수
吸煙 마실 흡 연기 연

乃 이에 내 말할 때 숨을 제대로 내쉬지 못하여 애쓰는 상태를 나타낸 지사문자

終乃 마칠 종 이에 내 : 마침내 필경에

147

乃至 이에 내 이를지 : 얼마에서 얼마까지(수량)

孕 아이 밸 잉 乃(이에 내) + 子(아들 자)

孕胎 아이 밸 잉 아이 밸 태

盈 찰 영(가득 차다) 夃(이문 얻을 고) + 皿(그릇 명)

盈滿 찰 영 찰 만

奇

奇異 기이할 기 다를 이
神奇 귀신 신 기이할 기
奇跡 기이할 기 발자취 적

기이할 기(기특할 기)

騎 말 탈 기 馬(말 마) + 奇(기이할 기)

騎馬 말 탈 기 말 마
騎手 말 탈 기 손 수 : 전문으로 말 타는 사람

琦 옥 이름 기 玉(구슬 옥) + 奇(기이할 기)

綺 비단 기 糸(실 사) + 奇(기이할 기)

綺羅星 비단 기 벌일 라 별 성 : 훌륭한 사람들이 쭉 있음

崎 험할 기 山(뫼 산) + 奇(기이할 기)

崎嶇 험할 기 험할 구

寄 부칠 기(보내다) 宀(집 면) + 奇(기이할 기)

寄贈 부칠 기 줄 증
寄生蟲 부칠 기 날 생 벌레 충

기운 기

뿌리글자로만 의미

汽 물 끓는 김 기 水(물 수) + 气(기운 기)

汽車 물끓는 김 기 수레 차(거)
汽笛 물끓는 김 기 피리 적

氣 기운 기 气(기운 기)+ 米(쌀 미)

氣運 기운 기 옮길 운
電氣 번개 전 기운 기
感氣 느낄 감 기운 기
氣溫 기운 기 따뜻할 온

愾 성낼 개 心(마음 심) + 氣(기운 기)

愾憤 성낼 개 분할 분 : 몹시 분개함
敵愾心 대적할 적 성낼 개 마음 심

豈敢 어찌 기 감히 감 : 어찌 감히

어찌 기

凱 개선할 개 豈(개가 개) + 几(안석 궤)

凱旋歌 개선할 개 돌 선 노래 가 : 승전하고 부르는 노래

塏 높은 땅 개 土(흙 토) + 豈(개가 개)

勝塏 이길 승 높은 땅 개 : 경치가 좋고 높은 곳

其他 그 기 다를 타
各其 각각 각 그 기
及其也 미칠 급 그 기 어조사 야 : 마침내
마지막에는

그 기

期 기약할 기　其(그 기) + 月(달 월)

期間 기약할 기 사이 간
延期 늘일 연 기약할 기
任期 맡길 임 기약할 기

欺 속일 기　其(그 기) + 欠(하품 흠)

欺瞞 속일 기 속일 만
詐欺 속일 사 속일 기

棋 바둑 기　木(나무 목) + 其(그 기)

奕棋 클 혁 바둑 기 : 바둑
將棋 장수 장 바둑 기
博奕 넓을 박 클 혁 : 장기와 바둑

騏 준마 기　馬(말 마) + 其(그 기)

騏驎 준마 기 얼룩말 린 : 하루 천 리 달리는 말

麒 기린 기　鹿(사슴 록) + 其(그 기)

麒麟 기린 기 기린 린

琪 아름다운 옥 기 玉(구슬 옥) + 其(그 기)

琪花 옥 기 꽃 화

箕 키 기 竹(대 죽) + 其(그 기)

旗 기 기 㫃(나부낄 언) + 其(그 기)

太極旗 클 태 다할 극 기 기

基 터 기 其(그 기) + 土(흙 토)

基本 터 기 근본 본
基礎 터 기 주춧돌 초

朞 돌 기(일주년) 其(그 기) + 月(달 월)

一朞 한 일 돌 기 : 일주년

旣存 이미 기 있을 존
旣往 이미 기 갈 왕

이미 기

慨 슬퍼할 개 心(마음 심) + 旣(이미 기)

慨歎 슬퍼할 개 탄식할 탄

漑 물 댈 개 水(물 수) + 旣(이미 기)

灌漑 물 댈 관 물 댈 개

槪 대개 개 木(나무 목) + 旣(이미 기)

槪念 대개 개 생각 념

自己 스로 자 몸 기
利己心 이로울 리 몸 기 마음 심

몸 기

記 기록할 기 言(말씀 언) + 己(몸 기)

記錄 기록할 기 기록할 록
記憶 기록할 기 생각할 억
史記 사기 사 기록할 기 : 역사를 기록한 책

紀 벼리 기 糸(실 사) + 己(몸 기)

紀綱 벼리 기 벼리 강
紀元 벼리 기 으뜸 원 : 나라를 세운 첫 해

起 일어날 기 走(달릴 주) + 己(몸 기)

起立 일어날 기 설 립
起訴 일어날 기 호소할 소
再起 두 재 일어날 기
隆起 높을 룽 일어날 기

忌 꺼릴 기 己(몸 기) + 心(마음 심)

忌避 꺼릴 기 피할 피
猜忌 시기할 시 꺼릴 기

妃 왕비 비 女(여자 녀) + 己(몸 기)

王妃 임금 왕 왕비 비

配 나눌 배(짝 배) 酒(술 주 - 변형) + 己(몸 기)

分配 나눌 분 나눌 배
配偶者 짝 배 짝 우 놈 자

改 고칠 개 己(몸 기) + 攵(칠 복)

改善 고칠 개 착할 선
改革 고칠 개 바꿀 혁
改憲 고칠 개 법 헌

幾日 몇 기 날 일 : 며칠
幾微 몇 기 작을 미 : 낌새, 짐작

몇 기

機 틀 기 木(나무 목) + 幾(몇 기)

機械 틀 기 기계 계
契機 맺을 계 틀 기
危機 위태할 위 틀 기

譏 비웃을 기 言(말씀 언) + 幾(몇 기)

譏謗 비웃을 기 헐뜯을 방 : 남을 헐뜯어서 말함

璣 구슬 기 별이름 기 玉(구슬 옥) + 幾(몇 기)

畿 경기 기 幺(작을 요) + 戈(창 과) + 田(밭 전)

京畿道 서울 경 경기 기 길 도

길할 길

吉凶 길할 길 흉할 흉

拮 일할 길 手(손 수) + 吉(길할 길)

拮抗筋 일할 길 겨룰 항 힘줄 근 : 서로 반대되는 근육

結 맺을 결 糸(실 사) + 吉(길할 길)

結果 맺을 결 실과 과
結婚 맺을 결 혼인할 혼
締結 맺을 체 맺을 결

詰 물을 힐(꾸짖을 힐) 言(말씀 언) + 吉(길할 길)

詰問 물을 힐 물을 문 : 잘못을 따지며 물음
詰責 꾸짖을 힐 꾸짖을 책 : 잘못을 따지며 꾸짖음

喆 밝을 철 吉(길할 길) + 吉(길할 길)

奴婢 종 노 여자 종 비
奴隷 종 노 종 예
賣國奴 팔 매 나라 국 종 노
: 나라를 팔아먹은 사람

종 노

怒 성낼 노 奴(종 노) + 心(마음 심)

憤怒 분할 분 성낼 노

駑 둔한 말 노 奴(종 노) + 馬(말 마)

駑馬 둔한 말 노 말 마

努 힘쓸 노 奴(종 노) + 力(힘 력)

努力 힘쓸 노 힘 력
努肉 힘쓸 노 고기 육 : 헐어서 생긴 굳은 살

弩 쇠뇌 노(화살을 많이 쏘는 큰 활) 奴(종 노) + 弓(활 궁)

弓弩手 활 궁 쇠뇌 노 손 수 : 활과 쇠뇌를 쏘던 군사

農藥 농사 농 약 약

농사 농

濃 짙을 농 水(물 수) + 農(농사 농)

濃度 짙을 농 법도 도
濃淡 짙을 농 맑을 담
濃縮 짙을 농 줄일 축

膿 고름 농 月(육달 월) + 農(농사 농)

蓄膿症 모을 축 고름 농 증세 증 : 콧병의 부비강 점막 염증

能力 능할 능 힘 력
才能 재주 재 능할 능

능할 능

態 모습 태 能(능할 능) + 心(마음 심)

態度 모습 태 법도 도
形態 모양 형 모습 태
醜態 추할 추 모습 태

熊 곰 웅 能(능할 능) + 火(불 화)

熊膽 곰 웅 쓸개 담

罷 마칠 파 罒(그물 망) + 能(능할 능)

罷免 마칠 파 면할 면
罷業 마칠 파 업 업
革罷 바꿀 혁(가죽 혁) 마칠 파 : 개혁하여 없앰

内部 안 내 떼 부
内容 안 내 얼굴 용
内譯 안 내 번역할 역

안 내

納 들일 납 糸(실 사) + 内(안 내)

納品 들일 납 물건 품
納付 들일 납 줄 부
滯納 막힐 체 들일 납
納得 들일 납 얻을 득

衲 기울 납(꿰매다) 衣(옷 의) + 内(안 내)

衲衣 기울 납 옷 의 : 승려의 검은색 법의
衲僧 기울 납 중 승 : 절간의 승려

訥 말 더듬거릴 눌 言(말씀 언) + 内(안 내)

語訥 말씀 어 말더듬거릴 눌 : 말을 더듬어 잘 못함

比丘尼 견줄 비 언덕 구 여승 니

여승 니

泥 진흙 니 水(물 수) + 尼(여승 니)

沙泥 모래 사 진흙 니
泥鰍 진흙 니 미꾸라지 추 : 미꾸라지

屍 주검 시 尸(주검 시) + 死(죽을 사)

屍體 주검 시 몸 체

多數 많을 다 셈 수
多樣 많을 다 모양 양

많을 다

移 옮길 이　禾(벼 화) + 多(많을 다)

移徙 옮길 이 옮길 사
移植 옮길 이 심을 식
推移 밀 추 옮길 이

侈 사치할 치　人(사람 인) + 多(많을 다)

奢侈 사치할 사 사치할 치

旦

元旦 으뜸 원 아침 단 : 설날 아침
明旦 밝을 명 아침 단 : 내일 아침

아침 단

但 다만 단 人(사람 인) + 旦(아침 단)

但只 다만 단 다만 지
非但 아닐 비 다만 단 : 부정의 문맥에서 사용

坦 평탄할 탄 土(흙 토) + 旦(아침 단)

平坦 평평할 평 평탄할 탄
順坦 순할 순 평탄할 탄
坦坦大路 평탄할 탄 평탄할 탄 큰 대 길 로

疸 황달 달 疒(병들어 기댈 녁) + 旦(아침 단)

黃疸 누를 황 황달 달

판단할 단

뿌리글자로만 의미

緣 인연 연 糸(실 사) + 彖(판단할 단)

因緣 인할 인 인연 연
學緣 배울 학 인연 연
血緣 피 혈 인연 연
緣故 인연 연 연고 고

椽 서까래 연 木(나무 목) + 彖(판단할 단)

長椽 길 장 서까래 연 : 지붕의 뼈대인 긴 나무

喙 부리 훼(입 부리) 口(입 구) + 彖(판단할 단)

容喙 = 開喙 얼굴 용 부리 훼 = 열 개 부리 훼 : 말참견을 하며 입을 놀림

篆 전자 전(전서체) 竹(대 죽) + 彖(판단할 단)

篆書 전자 전 글 서 : 획이 가장 복잡한 서체

段

階段 섬돌 계 층계 단
手段 손 수 층계 단

층계 단

緞 비단 단 糸(실 사) + 段(층계 단)

緋緞 비단 비 비단 단
絨緞 가는 베 융 비단 단

鍛 불릴 단 金(쇠 금) + 段(층계 단)

鍛鍊 불릴 단 불릴 련 : 쇠를 달구어 단단히 함

뿌리글자로만 의미

믿음 **단**

壇 단 **단** 土(흙 **토**) + 亶(믿음 **단**)

教壇 가르칠 **교** 단 **단**

講壇 외울 **강** 단 **단**

祭壇 제사 **제** 단 **단**

檀 박달나무 **단** 木(나무 **목**) + 亶(믿음 **단**)

白檀 흰 **백** 박달나무 **단**

檀君 박달나무 **단** 임금 **군** : 한국 태초의 임금

擅 멋대로 할 **천** 手(손 **수**) + 亶(믿음 **단**)

獨擅 홀로 **독** 멋대로 할 **천** : 제 마음대로 행동함

顫 떨 **전**(떨리다) 亶(믿음 **단**) + 頁(머리 **혈**)

顫動 떨 **전** 움직일 **동**

手顫症 손 **수** 떨 **전** 증세 **증** : 손이 떨리는 병

氈 모전 **전**(솜털모직) 亶(믿음 **단**) + 毛(터럭 **모**)

毛氈 터럭 **모** 모전 **전**

168

單 홑 단

單獨 홑 단 홀로 독
單價 홑 단 값 가
單純 홑 단 순수할 순

簞 소쿠리 단 竹(대 죽) + 單(홑 단)

簞食 소쿠리 단 먹이 사(밥 식) : 도시락 밥

禪 선 선(참선) 示(보일 시) + 單(홑 단)

參禪 참여할 참 선 선

彈 탄알 탄 弓(활 궁) + 單(홑 단)

爆彈 불 터질 폭 탄알 탄
彈壓 탄알 탄 누를 압
彈劾 탄알 탄 꾸짖을 핵
糾彈 얽힐 규 탄알 탄

憚 꺼릴 탄 心(마음 심) + 單(홑 단)

忌憚 꺼릴 기 꺼릴 탄
憚改 꺼릴 탄 고칠 개 : 고치는 것을 꺼림

戰 싸움 전 單(홑 단) + 戈(창 과)

戰爭 싸움 전 다툴 쟁
挑戰 돋울 도 싸움 전

闡 밝힐 천 門(문 문) + 單(홑 단)

闡明 밝힐 천 밝을 명 : 의사를 분명히 밝힘

뿌리글자로만 의미

끝 단

端 끝 단 立(설 립) + 耑(끝 단)

端緒 끝 단 실마리 서
尖端 뾰족할 첨 끝 단
弊端 폐단 폐 끝 단
發端 필 발 끝 단

湍 여울 단(급류 소용돌이) 水(물 수) + 耑(끝 단)

激湍 격할 격 여울 단 : 매우 급한 여울

喘 숨찰 천 口(입 구) + 耑(끝 단)

喘息 숨찰 천 쉴 식
餘喘 남을 여 숨찰 천 : 얼마 남지 않은 목숨

瑞 상서 서(좋은 조짐) 玉(구슬 옥) + 耑(끝 단)

祥瑞 상서 상 상서 서 : 경사롭고 길한 징조

覃 깊을 담

覃恩 깊을 담 은혜 은 : 은혜를 널리 베품

潭 못 담 水(물 수) + 覃(깊을 담)

白鹿潭 흰 백 사슴 록 못 담 : 한라산 정상의 화구호

譚 말씀 담(클 담) 言(말씀 언) + 覃(깊을 담)

英雄譚 꽃부리 영 수컷 웅 말씀 담

뿌리글자로만 의미

어린 양 달

達 통달할 달 辶(쉬엄쉬엄 갈 착) + 奎(어린 양 달 – 변형)

通達 통할 통 통달할 달
配達 나눌 배 통달할 달

撻 때릴 달 手(손 수) + 達(통달할 달)

鞭撻 채찍 편 때릴 달 : 채찍으로 때림
楚撻 회초리 초 때릴 달 : 회초리로 종아리 때림

겹칠 답

畓雜 겹칠 답 섞일 잡 : 혼잡한 모양

踏 밟을 답 足(발 족) + 畓(겹칠 답)

踏査 밟을 답 조사할 사

踏襲 밟을 답 엄습할 습 : 선인의 행적을 따라함

畓 논 답 水(물 수) + 田(밭 전)

田畓 밭 전 논 답

174

唐慌 당황할 당 어리둥절 황
唐突 당황할 당 갑자기 돌

당황할 **당**(당나라 **당**)

糖 엿 **당**(엿 **탕**) 米(쌀 **미**) + 唐(당황할 **당** 당나라 **당**)

糖尿 엿 **당** 오줌 **뇨**
砂糖 모래 **사** 엿 **탕**
雪糖 눈 **설** 엿 **탕**

塘 못 **당** 土(흙 **토**) + 唐(당황할 **당** 당나라 **당**)

水塘 물 **수** 못 **당** : 저수지

175

地帶	땅 지 띠 대
紐帶	맺을 뉴 띠 대
連帶	잇닿을 련 띠 대
携帶	이끌 휴 띠 대

띠 대

滯 막힐 체 水(물 수) + 帶(띠 대)

停滯 머무를 정 막힐 체

遲滯 더딜 지 막힐 체

滯拂 막힐 체 떨칠 불

代身 대신할 대 몸 신
代替 대신할 대 바꿀 체
代表 대신할 대 겉 표
代價 대신할 대 값 가

대신할 대

貸 빌릴 대　代(대신할 대) + 貝(조개 패)

貸出 빌릴 대 날 출
賃貸料 품삯 임 빌릴 대 헤아릴 료

垈 집터 대　代(대신할 대) + 土(흙 토)

垈地 집터 대 땅 지

袋 자루 대　代(대신할 대) + 衣(옷 의)

包袋 = 負袋 쌀 포 자루 대 = 질 부 자루 대 :
　　　　종이 피륙 등으로 만든 큰 자루
麻袋 삼 마 자루 대 : 거친 삼실로 짠 자루

뿌리글자로만 의미

질그릇 도

陶 질그릇 도 　阜(언덕 부) + 勹(쌀 포) + 缶(장군 부)

陶工 질그릇 도 장인 공

陶醉 질그릇 도 취할 취

萄 포도 도 　艹(풀 초) + 匋(질그릇 도)

葡萄 포도 포 포도 도

淘 쌀 일 도 　水(물 수) + 匋(질그릇 도)

淘金 쌀 일 도 쇠 금 : 금을 골라서 가름

道路 길 도 길 로
鐵道 쇠 철 길 도
軌道 바퀴자국 궤 길 도
報道 알릴 보 길 도

길 도(길, 도리)

導 인도할 도 道(길 도) + 寸(마디 촌)

誘導 꾈 유 인도할 도
矯導所 바로잡을 교 인도할 도 바 소

179

칼 도

果刀 실과 과 칼 도

初 처음 초 衣(옷 의) + 刀(칼 도)

始初 비로소 시 처음 초
初步 처음 초 걸음 보

切 끊을 절(온통 체) 七(일곱 칠) + 刀(칼 도)

切斷 끊을 절 끊을 단
切迫 끊을 절 핍박할 박
一切 한 일 온통 체

解 풀 해 角(뿔 각) + 牛(소 우) + 刀(칼 도)

解決 풀 해 결단할 결

契 맺을 계 㓞(교묘히 새길 갈) + 大(큰 대)

契約 맺을 계 맺을 약

喫 먹을 끽 口(입 구) + 契(맺을 계)

喫煙 먹을 끽 연기 연
滿喫 찰 만 먹을 끽

寡 적을 과 宀(집 면) + 頁(머리 혈 – 변형) + 刀(칼 도)

寡默 적을 과 잠잠할 묵

速度 빠를 속 법도 도
制度 절제할 제 법도 도
密度 빽빽할 밀 법도 도

법도 도

渡 건널 도 水(물 수) + 度(법도 도)

賣渡 팔 매 건널 도
不渡 아닐 부 건널 도

鍍 도금할 도 金(쇠 금) + 度(법도 도)

鍍金 도금할 도 쇠 금

대머리 독

禿頭 대머리 독 머리 두
禿山 대머리 독 뫼 산 : 민둥산

頹 무너질 퇴 禿(대머리 독) + 頁(머리 혈)

頹廢 무너질 퇴 폐할 폐 : 미풍 따위가 무너짐
頹敗 무너질 퇴 패할 패 : 쇠퇴하여 문란해짐

共同 한가지 공 한가지 동
同僚 한가지 동 동료 료
同感 한가지 동 느낄 감
同生 한가지 동 날 생 : 나이 어린 아우

한가지 동

銅 구리 동 金(쇠 금) + 同(한가지 동)

銅錢 구리 동 돈 전
銅像 구리 동 모양 상

桐 오동나무 동 木(나무 목) + 同(한가지 동)

梧桐 오동나무 오 오동나무 동

胴 몸통 동(큰창자 동) 月(육달 월) + 同(한가지 동)

胴體 몸통 동 몸 체
胴衣 몸통 동 옷 의 : 조끼

洞 골 동(밝을 통) 水(물 수) + 同(한가지 동)

洞窟 골 동 굴 굴
洞察 밝을 통 살필 찰

筒 대통 통 竹(대 죽) + 同(한가지 동)

筆筒 붓 필 대통 통
貯金筒 쌓을 저 쇠 금 대통 통

興 일 흥 舁(마주 들 여 – 변형) + 同(한가지 동)

興奮 일 흥 떨칠 분
興味 일 흥 맛 미
復興 다시 부(회복할 복) 일 흥

嚴冬雪寒 엄할 엄 겨울 동 눈 설 찰 한

겨울 동

疼 아플 동　疒(병들어 기댈 녁) + 冬(겨울 동)

疼痛 아플 동 아플 통 : 몸이 쑤시는 아픔

終 마칠 종　糸(실 사) + 冬(겨울 동)

終了 마칠 종 마칠 료
臨終 임할 림 마칠 종

뿌리글자

東洋 동녘 동 큰 바다 양
東海 동녘 동 바다 해

동녘 동

凍 얼 동　氷(얼음 빙) + 東(동녘 동)

凍傷 얼 동 다칠 상
解凍 풀 해 얼 동

棟 마룻대 동　木(나무 목) + 東(동녘 동)

病棟 병 병 마룻대 동 : 병실이 여러 개인 병원

陳 베풀 진　阜(언덕 부) + 東(동녘 동)

陳列 베풀 진 벌일 열(렬)
陳述 베풀 진 펼 술
陳情書 베풀 진 뜻 정 글 서 : 사정을 설명한 서면

童話 아이 동 말씀 화
童謠 아이 동 노래 요
兒童服 아이 아 아이 동 옷 복

아이 동

瞳 눈동자 동 目(눈 목) + 童(아이 동)

瞳孔 = 瞳子 눈동자 동 구멍 공 = 눈동자 동 아들 자

憧 동경할 동 心(마음 심) + 童(아이 동)

憧憬 동경할 동 깨달을 경

撞 칠 당 手(손 수) + 童(아이 동)

撞球場 칠 당 공 구 마당 장
自家撞着 스스로 자 집 가 칠 당 붙을 착 :
            자신의 언행이 부딪히듯 모순됨

北斗七星 북녘 북 말 두
일곱 칠 별 성

말 두(용량단위)

科 과목 과 禾(벼 화) + 斗(말 두)

科目 과목 과 눈 목
科學 과목 과 배울 학

料 헤아릴 료 米(쌀 미) + 斗(말 두)

材料 재목 재 헤아릴 료
料金 헤아릴 료 쇠 금

斜 비낄 사(기울다) 余(나 여) + 斗(말 두)

傾斜 기울 경 비낄 사
斜陽 비낄 사 볕 양 : 해질 때 비치는 햇빛

魁 괴수 괴 鬼(귀신 귀) + 斗(말 두)

魁首 괴수 괴 머리 수
亂魁 어지러울 란 괴수 괴 : 사회를 어지럽히는 두목

豆腐 콩 두 썩을 부
豆乳 콩 두 젖 유

콩 두

頭 머리 두 豆(콩 두) + 頁(머리 혈)

頭腦 머리 두 골 뇌
先頭 먼저 선 머리 두
沒頭 빠질 몰 머리 두
話頭 말씀 화 머리 두
冒頭 무릅쓸 모 머리 두

痘 역질 두(역질 마마 천연두) 疒(병들어 기댈 녁) + 豆(콩 두)

天然痘 하늘 천 그럴 연 역질 두 : 급성 전염병의 하나

短 짧을 단 矢(화살 시) + 豆(콩 두)

短期 짧을 단 기약할 기
短縮 짧을 단 줄일 축
短點 짧을 단 점 점

壹 갖은 한 일 壺(병 호 - 변형) + 豆(콩 두)

豊 풍성할 풍 제기그릇(豆) 위의 풍성한 음식을 본뜬 상형문자

登錄 오를 등 기록할 록
登載 오를 등 실을 재

오를 등

燈 등 등 火(불 화) + 죵(오를 등)

電燈 번개 전 등 등
點燈 점 점 등 등 : 등에 불을 켬
消燈 사라질 소 등 등

鄧 나라이름 등 죵(오를 등) + 邑(고을 읍)

橙 귤 등 木(나무 목) + 죵(오를 등)

橙色 귤 등 빛 색

證 증거 증 言(말씀 언) + 죵(오를 등)

證據 증거 증 근거 거
檢證 검사할 검 증거 증
領收證 거느릴 령 거둘 수 증거 증

澄 맑을 징 水(물 수) + 죵(오를 등)

澄酒 맑을 징 술 주

191

駐屯 머무를 주 진 칠 둔
雲屯 구름 운 진 칠 둔 : 구름처럼 많이 모임

진 칠 둔

鈍 둔할 둔 金(쇠 금) + 屯(진칠 둔)

鈍化 둔할 둔 될 화
鈍感 둔할 둔 느낄 감
鈍濁 둔할 둔 흐릴 탁
愚鈍 어리석을 우 둔할 둔

沌 엉길 돈 水(물 수) + 屯(진칠 둔)

混沌 섞을 혼 엉길 돈 : 구별이 확실치 않은 상태

頓 조아릴 돈(둔할 둔) 屯(진칠 둔) + 頁(머리 혈)

整頓 가지런할 정 조아릴 돈
查頓 조사할 사 조아릴 돈 : 혼인한 집안끼리 호칭
斗頓 말 두 둔할 둔 : 편들어 감싸 줌

純 순수할 순 糸(실 사) + 屯(진칠 둔)

純粹 순수할 순 순수할 수
純潔 순수할 순 깨끗할 결
溫純 따뜻할 온 순수할 순
單純 홑 단 순수할 순
純利益 순수할 순 이로울 리 더할 익

娛樂 즐길 오 즐길 락
音樂 소리 음 노래 악
仁者樂山 어질 인 놈 자 좋아할 요 뫼 산

즐길 락(노래 악 좋아할 요)

礫 조약돌 력 石(돌 석) + 樂(즐길 락 노래 악 좋아할 요)

沙礫 모래 사 조약돌 력 : 자갈 미끈한 작은 돌

藥 약 약 艸(풀 초) + 樂(즐길 락 노래 악 좋아할 요)

補藥 도울 보 약 약
痲藥 저릴 마 약 약
藥效 약 약 본받을 효
藥局 약 약 판 국
藥指 약 약 가리킬 지

兩側 두 량 곁 측
兩班 두 량 나눌 반
兩棲類 두 량 깃들일 서 무리 류
: 땅과 물에 함께 사는 무리

두 량

倆 재주 량 人(사람 인) + 兩(두 량)

技倆 재주 기 재주 량

輛 수레 량 車(수레 거/차) + 兩(두 량)

車輛 수레 차 수레 량

들보 량

橋梁 다리 교 들보 량
跳梁 뛸 도 들보 량 : 함부로 날뜀
梁=樑 들보 량

梁 기장 량(곡식) 梁(들보 량 − 변형) + 米(쌀 미)

高粱酒 높을 고 기장 량 술 주 : 중국의 특산 소주

良心 어질 량 마음 심
不良輩 아닐 불 어질 량 무리 배

어질 량

娘 여자 랑/낭 女(여자 녀) + 良(어질 량)

娘子 여자 낭 아들 자
娘娘 여자 낭 여자 랑

郎 사내 랑 良(어질 량) + 邑(고을 읍)

新郎 새 신 사내 랑

廊 사랑채 랑(행랑 랑) 广(집 엄) + 郎(사내 랑)

舍廊 집 사 사랑채 랑 : 손님을 접대하는 방
行廊 다닐 행 행랑 랑 : 대문간에 붙어있는 방

朗 밝을 랑 良(어질 량) + 月(달 월)

明朗 밝을 명 밝을 랑
朗報 밝을 랑 알릴 보
朗讀 밝을 랑 읽을 독

浪 물결 랑 水(물 수) + 良(어질 량)

波浪 물결 파 물결 랑 : 작은 물결과 큰 물결
激浪 격할 격 물결 랑

浪費 물결 랑 쓸 비

狼 이리 랑 犬(개 견) + 良(어질 량)

豺狼 승냥이 시 이리 랑
狼藉 이리 랑 깔 자 : 여기저기 마구 흩어짐

量 헤아릴 량

數量 셈 수 헤아릴 량
質量 바탕 질 헤아릴 량
測量 헤아릴 측 헤아릴 량
裁量 마를 재 헤아릴 량

糧 양식 량 米(쌀 미) + 量(헤아릴 량)

糧穀 양식 량 곡식 곡
食糧難 먹을 식 양식 량 어려울 난

뿌리글자로만 의미

성씨 려(법칙 려)

侶 짝 려 人(사람 인) + 呂(성씨 려 법칙 려)

伴侶 짝 반 짝 려

閭 마을 려 門(문 문 문중 문) + 呂(성씨 려 법칙 려)

閭閻 마을 려 마을 렴

宮 집 궁 宀(집 면) + 呂(성씨 려 법칙 려)

宮闕 집 궁 대궐 궐

營 경영할 영 熒(등불 형) + 宮(집 궁) – 변형 합체자

經營 지날 경 경영할 영

뿌리글자로만 의미

책력 력

曆 책력 력 歷(지날 력 – 변형) + 日(날 일)

陽曆 볕 양 책력 력
陰曆 그늘 음 책력 력

歷 지날 력 曆(책력 력 – 변형) + 止(그칠 지)

歷史 지날 력 사기 사
經歷 지날 경 지날 력

瀝 스밀 력 水(물 수) + 歷(지날 력)

披瀝 헤칠 피 스밀 력

力

힘 력

努力 힘쓸 노 힘 력

協力 화합할 협 힘 력

暴力 사나울 폭 힘 력

勒 굴레 륵 革(가죽 혁) + 力(힘 력)

彌勒 미륵 미 굴레 륵

肋 갈빗대 늑/륵 月(육달 월) + 力(힘 력)

肋骨 갈빗대 늑 뼈 골

鷄肋 닭 계 갈빗대 륵

筋 힘줄 근 竹(대 죽) + 月(육달 월) + 力(힘 력)

括約筋 묶을 괄 맺을 약 힘줄 근

劣 못할 열/렬 少(적을 소) + 力(힘 력)

優劣 뛰어날 우 못할 열

拙劣 옹졸할 졸 못할 렬

勞 일할 로 熒(등불 형 – 변형) + 力(힘 력)

勤勞 부지런할 근 일할 로

疲勞 피곤할 피 일할 로

撈 건질 로 手(손 수) + 勞(일할 로)

漁撈 고기잡을 어 건질 로

勝 이길 승 朕(나 짐) + 力(힘 력)

勝敗 이길 승 패할 패

協 화합할 협 十(열 십) + 劦(합할 협)

協助 화합할 협 도울 조
妥協 온당할 타 화합할 협

脅 위협할 협 劦(합할 협) + 月(육달 월)

威脅 위엄 위 위협할 협

繼

뿌리글자로만 의미

어지러울 련

戀 그리워할 연/련 絲(어지러울 련) + 心(마음 심)

戀愛 그리워할 연 사랑 애
戀慕 그리워할 연 그릴 모
悲戀 슬플 비 그리워할 련

變 변할 변 絲(어지러울 련) + 攵(칠 복)

變化 변할 변 될 화
變遷 변할 변 옮길 천
變貌 변할 변 모양 모

鸞 난새 란 絲(어지러울 련) + 鳥(새 조)

鸞鳳 = 鸞鳥 난새 란 봉새 봉 = 난새 란 새 조 :
　　　　　　　상상속의 뛰어난 난새와 봉황

彎 굽을 만 絲(어지러울 련) + 弓(활 궁)

彎曲 굽을 만 굽을 곡
側彎 곁 측 굽을 만
彎月 굽을 만 달 월 : 이지러진 달 초승달

灣 물굽이 만 水(물 수) + 彎(굽을 만)

港灣 항구 항 물굽이 만 : 배가 정박한 곳의 시설
臺灣 대 대 물굽이 만 : 나라이름 '대만'

蠻 오랑캐 만 䜌(어지러울 련) + 虫(벌레 충)

蠻夷 오랑캐 만 오랑캐 이 : 오랑캐 민족
野蠻 들 야 오랑캐 만

連結 잇닿을 련 맺을 결
連鎖 잇닿을 련 쇠사슬 쇄
連繫 잇닿을 련 맬 계

잇닿을 련

漣 잔물결 련 水(물 수) + 連(잇닿을 련)

漣波 잔물결 련 물결 파

蓮 연꽃 련 艸(풀 초) + 連(잇닿을 련)

蓮根 연꽃 련 뿌리 근
木蓮 나무 목 연꽃 련

列 벌일 렬/열

列車 벌일 열 수레 차
列島 벌일 열 섬 도
序列 차례 서 벌일 열
行列 항렬 항 벌일 렬

烈 매울 렬/열　列(벌일 렬) + 火(불 화)

激烈 격할 격 매울 렬
猛烈 사나울 맹 매울 렬
熾烈 성할 치 매울 열

裂 찢을 렬/열　列(벌일 렬) + 衣(옷 의)

決裂 결단할 결 찢을 렬
分裂 나눌 분 찢을 열
龜裂 터질 균(거북 귀 / 구) 찢을 열

例 법식 례　人(사람 인) + 列(벌일 렬)

例外 법식 예 바깥 외
次例 버금 차 법식 례
條例 가지 조 법식 례

뿌리글자로만 의미

목 갈기 렵

 사냥 렵 犬(개 견) + 鼡(목 갈기 렵)

獵奇 사냥 렵 기특할 기
涉獵 건널 섭 사냥 렵

蠟 밀 랍(꿀 찌꺼기를 끓여 짠 기름) 虫(벌레 충) + 鼡(목 갈기 렵)

蜜蠟 꿀 밀 밀 랍 : 꿀을 짜낸 찌꺼기를 끓여 만든 기름

臘 섣달 랍(음력으로 한 해 마지막 달) 月(육달 월) + 鼡(목 갈기 렵)

窮臘 다할 궁 섣달 랍 : 한 해의 마지막 달(음력)

鼠 쥐 서 쥐의 몸과 이빨의 모양을 본뜬 상형문자

野鼠 들 야 쥐 서
鼠婦 쥐 서 며느리 부 : 쥐며느리(절지동물)

207

法令 법 법 하여금 령

하여금 령

齡 나이 령 齒(이 치) + 令(하여금 령 명령할 령)

年齡 해 년 나이 령

鈴 방울 령 金(쇠 금) + 令(하여금 령 명령할 령)

鈴聲 방울 령 소리 성

領 거느릴 령 令(하여금 령 명령할 령) + 頁(머리 혈)

占領 점령할 점 거느릴 령
橫領 가로 횡 거느릴 령

嶺 고개 령 山(뫼 산) + 領(거느릴 령)

大關嶺 클 대 관계 관 고개 령 : 강릉과 평창의 경계 고개

玲 옥 소리 령 玉(구슬 옥) + 令(하여금 령 명령할 령)

玲瓏 옥 소리 령 옥 소리 롱

零 떨어질 령 雨(비 우) + 令(하여금 령 명령할 령)

零下 떨어질 령 아래 하

零細企業 떨어질 령 가늘 세 꾀할 기 업 업

囹 옥 령(감옥 령) 口(에워쌀 위) + 令(하여금 령 명령할 령)

囹圄=囹圄 옥 령 옥 어 = 옥 어 옥 령 : 감옥

命 목숨 명 口(입 구) + 令(하여금 령 명령할 령)

命令 목숨 명 하여금 령
運命 옮길 운 목숨 명

冷 찰 랭 氷(얼음 빙) + 令(하여금 령 명령할 령)

冷徹 찰 랭 통할 철
冷酷 찰 랭 심할 혹

另 日 헤어질 령 날 일 :
　　정해지지 않은 다른 날

헤어질 령

拐 후릴 괴(꾀어내다) 手(손 수) + 口(입 구) + 力(힘 력)

誘拐犯 꾈 유 후릴 괴 범할 범

別 나눌 별(다를 별) 咼(비뚤어질 와 – 변형) + 刀(칼 도)

個別 낱 개 나눌 별
差別 다를 차 다를 별

뿌리글자로만 의미

늙을 로

老 늙을 로 耂(늙을 로) + 匕(비수 비)

老齡 늙을 로 나이 령
老鍊 늙을 로 단련할 련
老朽 늙을 로 썩을 후

耆 늙을 기 耂(늙을 로) + 旨(뜻 지 맛 지)

耆叟 = 宿耆 늙을 기 늙은이 수 = 잘 숙 늙을 기 : 노인 늙은이

嗜 즐길 기 口(입 구) + 耆(늙을 기)

嗜好食品 즐길 기 좋을 호 먹을 식 물건 품
嗜癖 즐길 기 버릇 벽 : 치우쳐 좋아하는 버릇

孝 효도 효 耂(늙을 로) + 子(아들 자)

孝誠 효도 효 정성 성

哮 성낼 효 口(입 구) + 孝(효도 효)

咆哮 고함지를 포 성낼 효

211

길 로

道路 길 도 길 로 　　通路 통할 통 길 로
岐路 갈림길 기 길 로 　　隘路 좁을 애 길 로
散策路 흩을 산 꾀 책 길 로

鷺 백로 로(해오라기) 路(길 로) + 鳥(새 조)

白鷺 흰 백 백로 로

露 이슬 로　雨(비 우) + 路(길 로)

露出 이슬 로 날 출
吐露 토할 토 이슬 로
暴露 사나울 폭 이슬 로
綻露 터질 탄 이슬 로
露骨的 이슬 로 뼈 골 과녁 적
露宿者 이슬 로 잘 숙 놈 자

盧弓 검을 로 활 궁 : 검은 빛의 활

목로 로(검을 로)

爐 화로 로 火(불 화) + 盧(목로 로 검을 로)

火爐 불 화 화로 로
鎔鑛爐 쇠 녹일 용 쇳돌 광 화로 로
輕水爐 가벼울 경 물 수 화로 로 : 원자로 종류

蘆 갈대 로 艸(풀 초) + 盧(목로 로 검을 로)

蘆笛 갈대 로 피리 적 : 갈대잎으로 만든 피리
蒲蘆 부들 포 갈대 로 : 호리병박(박과의 풀)

廬 농막집 려 广(집 엄) + 盧(목로 로 검을 로)

(농막집 – 논밭에 간단히 지은 오두막집)
廬舍 농막집 려 집 사 : 오두막집

捕虜 잡을 포 사로잡을 로
被虜人 입을 피 사로잡을 로 사람 인 : 포로
虜獲 사로잡을 로 얻을 획 : 적을 잡거나 죽임

사로잡을 로

擄 노략질할 로 手(손 수) + 虜(사로잡을 로)

擄掠 노략질할 로 노략질할 략 : 사람과 재물을 약탈함

馴鹿 길들일 순 사슴 록

사슴 록

麓 산기슭 록 林(수풀 림) + 鹿(사슴 록)

短麓 짧을 단 산기슭 록

塵 티끌 진 鹿(사슴 록) + 土(흙 토)

粉塵=塵埃 가루 분 티끌 진 = 티끌 진 티끌 애

麒 기린 기 鹿(사슴 록) + 其(그 기)

麒麟 기린 기 기린 린

麟 기린 린 鹿(사슴 록) + 粦(도깨비불 린)

麝 사향노루 사 鹿(사슴 록) + 射(쏠 사)

麝香 사향노루 사 향기 향

麗 고울 려 丽(아름다울 려) + 鹿(사슴 록)

華麗 빛날 화 고울 려
高麗 높을 고 고울 려

驪 검은 말 려 馬(말 마) + 麗(고울 려)

驪龍 검은 말 려 용 룡

灑 뿌릴 쇄 水(물 수) + 麗(고울 려)

灑掃 뿌릴 쇄 쓸 소

뿌리글자로만 의미

새길 **록**

錄 기록할 **록** 金(쇠 **금**) + 彔(새길 **록**)

記錄 기록할 **기** 기록할 **록**
收錄 거둘 **수** 기록할 **록**
錄音 기록할 **록** 소리 **음**

綠 푸를 **록** 糸(실 **사**) + 彔(새길 **록**)

綠茶 푸를 **록** 차 **차(다)**
葉綠素 잎 **엽** 푸를 **록** 본디 **소** : 녹색의 색소

祿 녹 **록** 示(보일 **시**) + 彔(새길 **록**)

祿俸 녹 **록** 녹 **봉**
爵祿 벼슬 **작** 녹 **록** : 벼슬과 그에 따른 녹봉

碌 푸른 돌 **록** 石(돌 **석**) + 彔(새길 **록**)

碌靑 푸른 돌 **록** 푸를 **청** : 구리에 스는 푸른 녹
碌碌 푸른 돌 **록** 푸른 돌 **록** : 만만하고 호락호락함

剝 벗길 **박** 彔(새길 **록**) + 刀(칼 **도**)

剝皮 벗길 **박** 가죽 **피**

217

剝製 벗길 박 지을 제 : 동물의 내장을 뺀 모형
剝奪 벗길 박 빼앗을 탈

의뢰할 **뢰**

依賴 의지할 **의** 의뢰할 **뢰**
信賴 믿을 **신** 의뢰할 **뢰**

懶 게으를 **라** 心(마음 **심**) + 賴(의뢰할 **뢰**)

懶怠 게으를 **라** 게으를 **태**

癩 문둥병 **라** 疒(병들어 기댈 **녁**) + 賴(의뢰할 **뢰**)

癩病 문둥병 **라** 병 **병**

獺 수달 **달** 犬(개 **견**) + 賴(의뢰할 **뢰**)

水獺 물 **수** 수달 **달**

밭 갈피 뢰

뿌리글자로만 의미

傫 꼭두가시 뢰 人(사람 인) + 畾(밭 갈피 뢰)

傀傫 허수아비 괴 꼭두각시 뢰 : 앞잡이로 이용되는 사람

疊 거듭 첩 畾(밭 갈피 뢰) + 宜(마땅 의 – 변형)

重疊 무거울 중 거듭 첩 : 거듭 쌓이고 겹쳐짐

疊疊山中 거듭 첩 거듭 첩 뫼 산 가운데 중

壘 보루 루 畾(밭 갈피 뢰) + 土(흙 토)

堡壘 작은 성 보 보루 루 : 적을 막는 구축물

邊壘 가 변 보루 루 : 국경의 요새

盜壘 도둑 도 보루 루 : 야구경기의 용어

뿌리글자로만 의미

燎 횃불 료

燎 횃불 료　火(불 화) + 尞(횃불 료)

燭燎 촛불 촉 횃불 료 : 촛불과 횃불

瞭 밝을 료　目(눈 목) + 尞(횃불 료)

簡單明瞭 간략할 간 홑 단 밝을 명 밝을 료

瞭 = 暸 밝을 료 = 밝을 료

僚 동료 료　人(사람 인) + 尞(횃불 료)

同僚 한가지 동 동료 료

閣僚 집 각 동료 료

官僚主義 벼슬 관 동료 료 임금 주 옳을 의

遼 멀 료　辶(쉬엄쉬엄 갈 착) + 尞(횃불 료)

遼遠 = 遙遠 멀 료 멀 원 = 멀 요 멀 원 :

시간 공간적으로 멀리있는 상태

療 병 고칠 료　疒(병들어 기댈 녁) + 尞(횃불 료)

治療 다스릴 치 병 고칠 료

醫療 의원 의 병 고칠 료

診療 진찰할 진 병 고칠 료
療養 병 고칠 료 기를 양

寮 동관 료 宀(집 면) + 尞(횃불 료)

寮舍 동관 료 집 사 : 공공단체의 기숙사

높이 날 **료**

뿌리글자로만 의미

寥 쓸쓸할 **료** / **요**　宀(집 면) + 翏(높이 날 료)

閑寥 한가할 **한** 쓸쓸할 **료**

寂寥 고요할 **적** 쓸쓸할 **요**

膠 아교 **교**　月(육달 월) + 翏(높이 날 료)

阿膠 언덕 **아** 아교 **교** : 갖풀 접착제

膠着 아교 **교** 붙을 **착** : 단단히 달라붙음

謬 그르칠 **류**　言(말씀 언) + 翏(높이 날 료)

誤謬 그르칠 **오** 그르칠 **류**

戮 죽일 **륙/육**　翏(높이 날 료) + 戈(창 과)

屠戮 죽일 **도** 죽일 **륙**

斬戮 벨 **참** 죽일 **륙**

殺戮 죽일 **살** 죽일 **육**

223

飛龍 날 비 용 룡
恐龍 두려울 공 용 룡

용 룡

聾 귀먹을 롱　龍(용 룡) + 耳(귀 이)

耳聾 귀 이 귀먹을 롱
聾啞 귀먹을 롱 벙어리 아 : 듣지도 말하지도 못함

壟 밭두둑 롱　龍(용 룡) + 土(흙 토)

壟畔 밭두둑 롱 밭두둑 반

瓏 옥 소리 롱　玉(구슬 옥) + 龍(용 룡)

玲瓏 옥 소리 령 옥 소리 롱 : 광채가 찬란함

籠 대바구니 롱　竹(대 죽) + 龍(용 룡)

欌籠 장롱 장 대바구니 롱
籠城 대바구니 롱 재 성 : 시위하며 자리를 지킴
籠絡 대바구닐 롱 이을 락 : 제 마음대로 이용함

襲 엄습할 습　龍(용 용) + 衣(옷 의)

掩襲 가릴 엄 엄습할 습
奇襲 기특할 기 엄습할 습
踏襲 밟을 답 엄습할 습

模襲 본뜰 모 엄습할 습
襲擊 엄습할 습 칠 격

寵 사랑할 총　宀(집 면) + 龍(용 룡)

寵愛 사랑할 총 사랑 애
恩寵 은혜 은 사랑할 총

뿌리글자로만 의미

끌 루(끌다)

樓 다락 루 木(나무 목) + 婁(끌 루)

樓閣 다락 루 집 각
望樓 바랄 망 다락 루 : 주위를 살피는 높은 대

屢 여러 루 尸(주검 시) + 婁(끌 루)

屢次 여러 루 버금 차
屢屢 여러 루 여러 루 : 누누이 여러 번 반복

數 셈 수(자주 삭) 婁(끌 루) + 攵(칠 복)

數値 셈 수 값 치
額數 이마 액 셈 수
點數 점 점 셈 수
變數 변할 변 셈 수
頻數 자주 빈 자주 삭

累積 여러 루 쌓을 적
累計 여러 루 셀 계
累次 여러 루 버금 차
連累 잇닿을 련 여러 루

여러 루

螺 소라 라　虫(벌레 충) + 累(여러 루)

螺絲 소라 라 실 사
螺旋 소라 라 돌 선 : 빙빙 감아있는 모양

交流 사귈 교 흐를 류
漂流 떠다닐 표 흐를 류
流行 흐를 류 다닐 행

흐를 류

硫 유황 류 　石(돌 석) + 流(흐를 류 – 변형)

硫黃 유황 류 누를 황

琉 유리 류 　玉(구슬 옥) + 流(흐를 류 – 변형)

琉璃窓 유리 류 유리 리 창 창

梳 얼레빗 소(굵은 빗) 　木(나무 목) + 疏(소통할 소 – 변형)

梳櫛 얼레빗 소 빗 즐 : 빗질

疏 소통할 소 　疋(짝 필 발 소) + 流(흐를 류 – 변형)

疏通 소통할 소 통할 통
疏忽 소통할 소 갑자기 홀
疏遠 소통할 소 멀 원
疏明 소통할 소 밝을 명
疏脫 소통할 소 벗을 탈

蔬 나물 소 　艸(풀 초) + 疏(소통할 소)

菜蔬 나물 채 나물 소
蔬飯 나물 소 밥 반 : 변변치 못한 음식

식혜 혜 酒(술 주) + 流(흐를 류) + 皿(그릇 명) – 변형합체자

食醯 먹을 식 식혜 혜

左脯右醯 왼 좌 포 포 오른쪽 우 식혜 혜 :
　　　제사상에서 육포는 좌 식혜는 우

머무를 류

保留 지킬 보 머무를 류　滯留 막힐 체 머무를 류
抑留 누를 억 머무를 류　押留 누를 압 머무를 류
留念 머무를 류 생각 념　留學 머무를 류 배울 학

溜 물방울 류(처마물 류) 水(물 수) + 留(머무를 류)

　蒸溜 찔 증 낙숫물 류

瘤 혹 류 疒(병들어 기댈 녁) + 留(머무를 류)

　瘤贅=瘤腫 혹 류 혹 췌 = 혹 류 종기 종 : 혹
　瘤狀物 혹 류 형상 상(장) 물건 물 : 혹 모양의 물건

坴

뿌리글자로만 의미

언덕 륙

陸 뭍 륙 阜(언덕 부) + 坴(언덕 륙)

陸軍 뭍 륙 군사 군
離陸 떠날 리 뭍 륙
着陸 붙을 착 뭍 륙

逵 길거리 규 辶(쉬엄쉬엄 갈 착) + 坴(언덕 륙)

九逵 아홉 구 길거리 규

睦 화목할 목 目(눈 목) + 坴(언덕 륙)

和睦 화할 화 화목할 목

뿌리글자로만 의미

생각할 륜(둥글 륜)

倫 인륜 륜 人(사람 인) + 侖(둥글 륜 둥글 륜)

人倫 사람 인 인륜 륜
悖倫 거스를 패 인륜 륜

淪 빠질 륜 水(물 수) + 侖(생각할 륜 둥글 륜)

沈淪 잠길 침 빠질 륜 : 침몰 보잘 것 없이 됨
淪落 빠질 륜 떨어질 락 : 타락하여 몸을 망침

輪 바퀴 륜 車(수레 거/차) + 侖(생각할 륜 둥글 륜)

輪廻 바퀴 륜 돌 회
輪廓 바퀴 륜 둘레 곽
輪疾 바퀴 륜 병 질 : 돌림병

綸 벼리 륜 糸(실 사) + 侖(생각할 륜 둥글 륜)

綸旨 = 綸言 벼리 륜 뜻 지 = 벼리 륜 말씀 언 : 임금님의 말씀

崙 산 이름 륜 山(뫼 산) + 侖(생각할 륜 둥글 륜)

崑崙山 산 이름 곤 산 이름 륜 뫼 산

論 논할 론/논 言(말씀 언) + 侖(생각할 륜 둥글 륜)

討論 칠 토 논할 론
輿論 수레 여 논할 론
勿論 말 물 논할 론
擧論 들 거 논할 론
論議 논할 론 의논할 의

밤 률/율

栗栗梨柿 대추 조 밤 률 배나무 리 감
시 : 제사상에서 동쪽부터 진
열 순서

慄 떨릴 률/율 心(마음 심) + 栗(밤 률)

戰慄 싸움 전 떨릴 율
縮慄 줄일 축 떨릴 률 : 몸을 구부리고 벌벌 떪

粟 조 속(곡식) 覀(덮을 아) + 米(쌀 미)

뿌리글자로만 의미

언덕 릉

陵 언덕 릉 阜(언덕 부) + 夌(언덕 릉)

鬱陵島 답답할 울(울창할 울) 언덕 릉 섬 도

綾 비단 릉 糸(실 사) + 夌(언덕 릉)

綾緞 비단 릉 비단 단
綾衾 비단 릉 이불 금
綾扇 비단 릉 부채 선 : 비단을 만든 부채

稜 모날 릉 禾(벼 화) + 夌(언덕 릉)

稜線 모날 릉 줄 선
稜威 모날 릉 위엄 위 : 매우 존엄한 위세

凌 업신여길 릉 氷(얼음 빙) + 夌(언덕 릉)

凌蔑 업신여길 릉 업신여길 멸
凌駕 업신여길 릉 멍에 가

菱 마름 릉(수초이름) 艹(풀 초) + 夌(언덕 릉)

菱形 마름 릉 모양 형

離婚 떠날 리 혼인할 혼
距離 상거할 거 떠날 리
乖離 어그러질 괴 떠날 리

떠날 리

籬 울타리 리 竹(대 죽) + 離(떠날 리)

藩籬 울타리 번 울타리 리
牆籬 담 장 울타리 리

璃 유리 리 玉(구슬 옥) + 離(떠날 리 - 변형)

琉璃 유리 유/류 유리 리

利
이로울 리

權利 권세 권 이로울 리
勝利 이길 승 이로울 리
便利 편할 편 이로울 리
利益 이로울 리 더할 익

俐 영리할 리 心(마음 심) + 利(이로울 리)

怜俐 영리할 령 영리할 리

梨 배나무 리 利(이로울 리) + 木(나무 목)

梨花 배나무 리 꽃 화

痢 설사 리 疒(병들어 기댈 녁) + 利(이로울 리)

痢疾 설사 리 병 질 : 법정 전염병의 설사
噤口痢 입다물 금 입 구 설사 리 : 이질로 먹지 못하는 병

里 마을 리

洞里 골 동(통) 마을 리
海里 바다 해 마을 리 :
　　　해상 거리를 나타낸 단위

理 다스릴 리 玉(구슬 옥) + 里(마을 리)

理解 다스릴 리 풀 해
整理 가지런할 정 다스릴 리
處理 곳 처 다스릴 리
總理 다 총 다스릴 리

俚 속될 리 人(사람 인) + 里(마을 리)

俚諺 속될 리 언문(속담) 언 : 항간에 퍼져있는 속담
俚淺 속될 리 얕을 천 : 속되고 천박스러움

裏 속 리 衣(옷 의) + 里(마을 리)

裏面 속 리 낯 면
腦裏 골 뇌 속 리
表裏 겉 표 속 리

埋 묻을 매 土(흙 토) + 里(마을 리)

埋沒 묻을 매 빠질 몰
埋藏 묻을 매 감출 장 : 묻어서 감춤
埋葬 묻을 매 장사지낼 장 : 시체를 땅에 묻음

뿌리글자로만 의미

도깨비불 린

燐 도깨비불 린 火(불 화) + 粦(도깨비불 린)

燐中毒 도깨비불 린 가운데 중 독 독 : 원소 인 중독

隣 이웃 린 阜(언덕 부) + 粦(도깨비불 린)

隣近 이웃 린 가까울 근
隣接 이웃 린 이을 접
善隣 착할 선 이웃 린 : 이웃과 사이좋게 지냄

麟 기린 린 鹿(사슴 록) + 粦(도깨비불 린)

麒麟 기린 기 기린 린

驎 얼룩말 린 馬(말 마) + 粦(도깨비불 린)

騏驎 준마 기 얼룩말 린

鱗 비늘 린 魚(물고기 어) + 粦(도깨비불 린)

魚鱗 물고기 어 비늘 린

불쌍히 여길 **련**   心(마음 심) + 粦(도깨비불 린)

憐憫 불쌍할 련 민망할 민
哀憐 슬플 애 불쌍할 련

闌 새 이름 린

뿌리글자로만 의미

藺 골풀 린 艹(풀 초) + 闌(새 이름 린)

藺草 골풀 린 풀 초 : 골풀과의 여러해살이풀
馬藺子 말 마 골풀 린 아들 자 : 꽃창포 열매의 씨

躪 짓밟을 린 足(발 족) + 藺(골풀 린)

人權蹂躪 사람 인 권세 권 밟을 유 짓밟을 린

森林 수풀 삼 수풀 림
密林 빽빽할 밀 수풀 림

수풀 림

淋 임질 림(장마 림) 水(물 수) + 林(수풀 림)

淋疾 임질 림 병 질
淋巴腺 임질 림 꼬리 파 샘 선

彬 빛날 빈 林(수풀 림) + 彡(터럭 삼)

彬蔚 빛날 빈 고을이름 울

禁 금할 금 林(수풀 림) + 示(보일 시)

禁煙 금할 금 연기 연
監禁 볼 감 금할 금

焚 불사를 분 林(수풀 림) + 火(불 화)

焚身 불사를 분 몸 신
焚香 불사를 분 향기 향

梵 불경 범 林(수풀 림) + 凡(무릇 범)

梵刹 불경 범 절 찰
梵衲 불경 범 기울 납

立 설립

獨立 홀로 독 설 립　　孤立 외로울 고 설 립
確立 굳을 확 설 립　　樹立 나무 수 설 립
對立 대할 대 설 립

粒 낟알 립 米(쌀 미) + 立(설 립)

微粒子 작을 미 낟알 립 아들 자

笠 삿갓 립 竹(대 죽) + 立(설 립)

草笠 풀 초 삿갓 립 : 풀로 만든 갓
笠帽 삿갓 립 모자 모 : 비올 때 갓 위에 씀

拉 끌 랍 手(손 수) + 立(설 립)

拉致 끌 랍 이를 치
被拉 입을 피 끌 랍 : 납치를 당함

位 자리 위 人(사람 인) + 立(설 립)

位置 자리 위 둘 치
順位 순할 순 자리 위
優位 넉넉할 우 자리 위

泣 울 읍 水(물 수) + 立(설 립)

泣訴 울 읍 호소할 소 : 눈물로 간절히 하소연

感泣 느낄 감 울 읍 : 감격하여 욺

昱 햇빛 밝을 욱 日(해 일) + 立(설 립)

昱耀 햇빛 밝을 욱 빛날 요 : 밝게 빛남

煜 빛날 욱 火(불 화) + 昱(햇빛 밝을 욱)

炳煜 불꽃 병 빛날 욱 : 밝게 빛남

翊 도울 익 立(설 립) + 羽(깃 우)

翌 다음날 익 羽(깃 우) + 立(설 립)

竝 나란히 병 두 사람이 나란히 서있는 모습을 본뜬 상형문자

麻衣 삼 마 옷 의
麻袋 삼 마 자루 대

삼 마

痲 저릴 마 疒(병들어 기댈 녁) + 麻(삼 마)

痲痺 저릴 마 저릴 비
痲藥 저릴 마 약 약

磨 갈 마 麻(삼 마) + 石(돌 석)

硏磨 갈 연 갈 마
磨耗 갈 마 소모할 모

摩 문지를 마 麻(삼 마) + 手(손 수)

摩擦 문지를 마 문지를 찰
按摩 누를 안 문지를 마

魔 마귀 마 麻(삼 마) + 鬼(귀신 귀)

魔鬼 마귀 마 귀신 귀

麾 기 휘 麻(삼 마) + 毛(터럭 모)

麾下 기 휘 아래 하

靡 쓰러질 미　麻(삼 마) + 非(아닐 미)

風靡 바람 풍 쓰러질 미

乘馬 탈 승 말 마
落馬 떨어질 락 말 마

말 마

馴 길들일 순 馬(말 마) + 川(내 천)

馴養 길들일 순 기를 양
馴鹿 길들일 순 사슴 록

駐 머무를 주 馬(말 마) + 主(임금 주 주인 주)

駐車 머무를 주 수레 차(거)
駐屯 머무를 주 진 칠 둔

駁 논박할 박 馬(말 마) + 爻(사귈 효)

論駁 논할 론 논박할 박
面駁 낯 면 논박할 박

驪 검은 말 려 馬(말 마) + 麗(고울 려)

驪龍 검은 말 려 용 룡

駒 망아지 구 馬(말 마) + 句(글귀 구)

天馬駒 하늘 천 말 마 망아지 구 : 수단이 매우 좋은 사람

駱 낙타 락 馬(말 마) + 各(각각 각)

駝 낙타 타 馬(말 마) + 它(다를 타)

駿 준마 준 馬(말 마) + 夋(천천히 걷는 모양 준)

駿馬 준마 준 말 마
駿足 준마 준 발 족

騏 준마 기 馬(말 마) + 其(그 기)

騏驎 준마 기 얼룩말 린 : 하루에 천리 달리는 말

驥 천리마 기 馬(말 마) + 冀(바랄 기)

道遠知驥 길 도 멀 원 알 지 천리마 기

憑 기댈 빙 馮(성씨 풍 업신여길 빙) + 心(마음 심)

憑藉 기댈 빙 깔 자
憑依 기댈 빙 의지할 의
證憑 증거 증 기댈 빙
信憑性 믿을 신 기댈 빙 성품 성

駙 곁마 부 馬(말 마) + 付(줄 부)

駙馬 곁마 부 말 마 : 임금의 사위

驗 시험 험　馬(말 마) + 僉(다 첨)

試驗 시험 시 시험 험
體驗 몸 체 시험 험

馳 달릴 치　馬(말 마) + 也(어조사 야)

背馳 등 배(배반할 배) 달릴 치 : 뜻이 반대되어 어긋남

驕 교만할 교　馬(말 마) + 喬(높을 교)

驕慢 교만할 교 거만할 만
驕亢 교만할 교 높을 항

驅 몰 구　馬(말 마) + 區(구분할 구)

驅迫 몰 구 핍박할 박
驅使 몰 구 부릴 사
乘勝長驅 탈 승 이길 승 길 장(어른 장) 몰 구

騷 떠들 소　馬(말 마) + 蚤(벼룩 조)

騷亂 떠들 소 어지러울 란
騷擾 떠들 소 시끄러울 요
騷音 떠들 소 소리 음

驩 기뻐할 환　馬(말 마) + 雚(황새 관)

驩然 기뻐할 환 그럴 연 : 마음이 즐겁고 기쁨

驛 역 역 馬(말 마) + 睪(엿볼 역)

驛舍 역 역 집 사
簡易驛 간략할 간 쉬울 이(바꿀 역) 역 역

騙 속일 편 馬(말 마) + 扁(작을 편)

騙取 속일 편 가질 취

駭 놀랄 해 馬(말 마) + 亥(돼지 해)

駭怪罔測 놀랄 해 괴이할 괴 없을 망 헤아릴 측

驚 놀랄 경 敬(공경 경) + 馬(말 마)

驚氣 놀랄 경 기운 기
驚愕 놀랄 경 놀랄 악

駕 멍에 가(능가할 가) 加(더할 가) + 馬(말 마)

輿駕 수레 여 멍에 가
凌駕 업신여길 릉 능가할 가

駑 둔한 말 노 奴(종 노) + 馬(말 마)

駑鈍 둔한 말 노 둔할 둔 : 미련하고 둔함

篤 도타울 독 竹(대 죽) + 馬(말 마)

敦篤 도타울 돈 도타울 독
危篤 위태할 위 도타울 독

罵 꾸짖을 매 罒(그물 망) + 馬(말 마)

罵倒 꾸짖을 매 넘어질 도 : 몹시 꾸짖음

羈 굴레 기 罒(그물 망) + 革(가죽 혁) + 馬(말 마)

羈絆 = 羈束 굴레 기 얽어맬 반 = 굴레 기 묶을 속 : 굴레 자유를 박탈함

騰 오를 등 朕(나 짐) + 馬(말 마)

急騰 급할 급 오를 등

莫强 없을 막 강할 강
莫逆 없을 막 거스릴 역 :
　　　벗과 허물없이 친함
莫夜 저물 모 밤 야 : 깊고 이슥한 밤

없을 막(저물 모)

漠 넓을 막(사막 막) 水(물 수) + 莫(없을 막)

漠然 넓을 막 그럴 연
沙漠 모래 사 사막 막

膜 꺼풀 막 月(육달 월) + 莫(없을 막)

角膜 뿔 각 꺼풀 막
鼓膜 북 고 꺼풀 막
橫膈膜 가로 횡 가슴 격 꺼풀 막

幕 장막 막 莫(없을 막) + 巾(수건 건)

帳幕 장막 장 장막 막
懸垂幕 달 현 드리울 수 장막 막

寞 고요할 막 宀(집 면) + 莫(없을 막)

寂寞 고요할 적 고요할 막
寞寞 고요할 막 고요할 막

暮 저물 모 莫(없을 막) + 日(해 일)

旦暮 = 朝暮 아침 단 저물 모 = 아침 조 저물 모 : 아침 때와 저녁 때

暮秋 저물 모 가을 추 : 늦가을

慕 그릴 모(그리워하다) 莫(없을 막) + 心(마음 심)

思慕 생각 사 그릴 모
戀慕 그리워할 련 그릴 모
欽慕 공경할 흠 그릴 모
追慕祭 쫓을 추 그릴 모 제사 제

募 모을 모 莫(없을 막) + 力(힘 력)

募集 모을 모 모을 집
公募 공평할 공 모을 모

模 본뜰 모(모호할 모) 木(나무 목) + 莫(없을 막)

模倣 본뜰 모 본뜰 방
模樣 본뜰 모 모양 양
模襲 본뜰 모 엄습할 습
模範 본뜰 모 법 범
模糊 모호할 모 풀칠할 호

謨 꾀 모 言(말씀 언) + 莫(없을 막)

鬼謨 귀신 귀 꾀 모 : 뛰어난 계략

墓 무덤 묘 莫(없을 막) + 土(흙 토)

墓所 무덤 묘 바 소
墓碑 무덤 묘 비석 비
墳墓 무덤 분 무덤 묘
省墓 살필 성 무덤 묘

曼 길게 끌 만

曼麗 길게 끌 **만** 고울 **려** : 아름답고 예쁨

漫 흩어질 만 水(물 수) + 曼(길게 끌 만)

漫然 흩어질 만 그럴 연
散漫 흩을 산 흩어질 만
放漫 놓을 방 흩어질 만
漫畫冊 흩어질 만 그림 화(그을 획) 책 책

慢 거만할 만 心(마음 심) + 曼(길게 끌 만)

倨慢 거만할 거 거만할 만
驕慢 교만할 교 거만할 만
傲慢 거만할 오 거만할 만
怠慢 게으를 태 거만할 만
慢性疾患 거만할 만 성품 성 병 질 근심 환

饅 만두 만 食(밥 식) + 曼(길게 끌 만)

饅頭 만두 만 머리 두

鰻 뱀장어 만 魚(물고기 어) + 曼(길게 끌 만)

鰻鱺魚 뱀장어 만 뱀장어 리 물고기 어 : 뱀장어
海鰻 바다 해 뱀장어 만 : 갯장어 붕장어

蔓 덩굴 만 艸(풀 초) + 曼(길게 끌 만)

蔓草 덩굴 만 풀 초

蔓延 덩굴 만 늘일 연 : 널리 번지어 퍼짐

萬物 일만 만 물건 물
萬壽無疆 일만 만 목숨 수 없을 무 지경 강

일만 만

邁 갈 매 辶(쉬엄쉬엄 갈 착) + 萬(일만 만)

邁進 갈 매 나아갈 진 : 힘써 나아감

礪 숫돌 려 石(돌 석) + 厲(갈 려)

礪石 숫돌 려 돌 석

勵 힘쓸 려 厲(갈 려) + 力(힘 력)

激勵 격할 격 힘쓸 려
督勵 감독할 독 힘쓸 려
獎勵 장려할 장 힘쓸 려

뿌리글자로만의미

평평할 만

滿 찰 만 水(물 수) + 㒼(평평할 만)

滿足 찰 만 발 족
滿喫 찰 만 먹을 끽
肥滿 살찔 비 찰 만
超滿員 뛰어넘을 초 찰 만 인원 원

瞞 속일 만 目(눈 목) + 㒼(평평할 만)

欺瞞 속일 기 속일 만

週末 돌 주 끝 말
結末 맺을 결 끝 말
終末 마칠 종 끝 말
顚末 엎드러질 전 끝 말

끝 말

沫 물거품 말 水(물 수) + 末(끝 말)

泡沫 거품 포 물거품 말
消沫劑 사라질 소 물거품 말 약제 제 : 거품제거제

抹 지을 말 手(손 수) + 末(끝 말)

抹殺 지울 말 죽일 살
抹消 지울 말 사라질 소
一抹 한 일 지울 말

韎 말갈 말 革(가죽 혁) + 末(끝 말)

韎鞨 말갈 말 말갈 갈

258

死亡 죽을 사 망할 망
滅亡 꺼질 멸 망할 망
逃亡 도망할 도 망할 망

망할 망

妄 망령될 망 亡(망할 망) + 女(여자 녀)

妄想 망령될 망 생각 상
妄發 망령될 망 필 발
妄靈 망령될 망 신령 령
輕妄 가벼울 경 망령될 망

忘 잊을 망 亡(망할 망) + 心(마음 심)

忘却 잊을 망 물리칠 각
健忘症 굳셀 건 잊을 망 증세 증
忘年會 잊을 망 해 년 모일 회

忙 바쁠 망 心(마음 심) + 亡(망할 망)

公私多忙 공평할 공 사사 사 많을 다 바쁠 망

罔 없을 망 罒(그물 망) + 亡(망할 망)

罔測 없을 망 헤아릴 측 : 흉측하다

網 그물 망 糸(실 사) + 罔(없을 망)

漁網 고기잡을 어 그물 망

法網 법 법 그물 망
網羅 그물 망 벌일 라
連絡網 잇닿을 련 이을 락 그물 망

惘 멍할 망 心(마음 심) + 罔(그물 망)

惘惘 민망할 민 멍할 망

芒 까끄라기 망(곡식의 껍질에 붙은 수염) 艸(풀 초) + 亡(망할 망)

芒種 까끄라기 망 씨 종 : 24절기의 하나(망종)

茫 아득할 망 艸(풀 초) + 水(물 수) + 亡(망할 망)

茫然自失 아득할 망 그럴 연 스스로 자 잃을 실

望 바랄 망 기지개를 켠 사람(壬) 위에 눈의 모양을(亡 月) 강조해서 '바라본다'는 뜻의 상형문자

* 달이 가장 둥글 때는 음력 15일인 보름일 때로써 '보름'의 뜻도 함께 사용된다.
希望 바랄 희 바랄 망
絶望 끊을 절 바랄 망
怨望 원망할 원 바랄 망

荒 거칠 황 艸(풀 초) + 亡(망할 망) + 川(내 천)

荒廢 거칠 황 폐할 폐
荒凉 거칠 황 서늘할 량
荒蕪地 거칠 황 거칠 무 땅 지

慌 어리둥절할 황 心(마음 심) + 荒(거칠 황)

唐慌 당황할 당 어리둥절 황
恐慌 두려울 공 어리둥절할 황 : 갑작스런 불안상태

盲 소경 맹 亡(망할 망) + 目(눈 목)

盲人 소경 맹 사람 인
盲腸 소경 맹 창자 장
盲目的 소경 맹 눈 목 과녁 적

買收 살 매 거둘 수
購買 살 구 살 매

살 매

賣 팔 매 士(선비 사) + 買(살 매)

賣買 팔 매 살 매

讀 읽을 독(구절 두) 言(말씀 언) + 賣(팔 매)

讀書 읽을 독 글 서
精讀 정할 정 읽을 독
句讀 글귀 구 구절 두

犢 송아지 독 牛(소 우) + 賣(팔 매)

犢牛 송아지 독 소 우

瀆 도랑 독(더럽힐 독) 水(물 수) + 賣(팔 매)

冒瀆 무릅쓸 모 더럽힐 독
溝瀆 도랑 구 도랑 독

續 이을 속 糸(실 사) + 賣(팔 매)

繼續 이을 계 이을 속

속죄할 속 貝(조개 패) + 賣(팔 매)

贖罪 속죄할 속 허물 죄

每日 매양 매 날 일
每週 매양 매 돌 주
每回 매양 매 돌아올 회
每番 매양 매 차례 번

매양 매

梅 매화 매 木(나무 목) + 每(매양 매)

梅花 매화 매 꽃 화
梅實 매화 매 열매 실
梅毒 매화 매 독 독(성병)

侮 업신여길 모 人(사람 인) + 每(매양 매)

侮蔑 업신여길 모 업신여길 멸
侮辱 업신여길 모 욕될 욕
受侮 받을 수 업신여길 모

海 바다 해 水(물 수) + 每(매양 매)

海洋 바다 해 큰 바다 양
海溢 바다 해 넘칠 일

誨 가르칠 회 言(말씀 언) + 每(매양 매)

誨言 가르칠 회 말씀 언

悔 뉘우칠 회 心(마음 심) + 每(매양 매)

後悔 뒤 후 뉘우칠 회

懺悔 뉘우칠 참 뉘우칠 회
悔改 뉘우칠 회 고칠 개

晦 그믐 회 日(해 일) + 每(매양 매)

朔晦 초하루 삭 그믐 회 : 음력 초하루나 그믐
晦迹 그믐 회 자취 적

畫面 그림 화 낯 면
面接 낯 면 이을 접

낯 면

麵 밀가루 면(麪의 속자) 麥(보리 맥) + 面(낯 면)

冷麵 찰 랭 밀가루 면
唐麵 당나라 당 밀가루 면

緬 멀 면 糸(실 사) + 面(낯 면)

遐緬 멀 하 멀 면
緬禮 멀 면 예도 례

가릴 면

뿌리글자로만의미

眄 곁눈질할 면 目(눈 목) + 丏(가릴 면)

眄視 곁눈질할 면 볼 시
仰眄 우러를 앙 곁눈질할 면
顧眄 돌아볼 고 곁눈질할 면
右眄 오른 쪽 우 곁눈질할 면

麪 밀가루 면 麥(보리 맥) + 丏(가릴 면)

沔 물 이름 면 水(물 수) + 丏(가릴 면)

免除 면할 면 덜 제
免責 면할 면 꾸짖을 책
免稅 면할 면 세금 세
謀免 꾀 모 면할 면
赦免 용서할 사 면할 면

면할 면

勉 힘쓸 면 免(면할 면) + 力(힘 력)

勤勉 부지런할 근 힘쓸 면
勉學 힘쓸 면 배울 학

冕 면류관 면 日(해 일) + 免(면할 면)

冕旒冠 면류관 면 깃발 류 갓 관

晚 늦을 만 日(해 일) + 免(면할 면)

晚婚 늦을 만 혼인할 혼
早晚間 이를 조 늦을 만 사이 간

娩 낳을 만 女(여자 녀) + 免(면할 면)

分娩 나눌 분 낳을 만

挽 당길 만 手(손 수) + 免(면할 면)

挽留 당길 만 머무를 류
挽回 당길 만 돌아올 회

輓 끌 만(애도할 만) 車(수레 거/차) + 免(면할 면)

輓馬 끌 만 말 마 : 짐을 끄는 말

輓詞 = 輓章 애도할 만 글 사 = 애도할 만 글 장 :
죽은 사람을 위해 지은 글

冥

幽冥 그윽할 유 어두울 명 : 저승
冥福 어두울 명 복 복 :
　　　저승에서 받는 복

어두울 명

瞑 눈 감을 명 目(눈 목) + 冥(어두울 명)

瞑想=瞑想=冥想 눈 감을 명 / 저물 명 / 어두울 명 생각 상

暝 저물 명 日(해 일) + 冥(어두울 명)

溟 바다 명 水(물 수) + 冥(어두울 명)

滄溟 큰 바다 창 바다 명

螟 멸구 명 虫(벌레 충) + 冥(어두울 명)

螟蟲 멸구 명 벌레 충 : 마디충
螟蛾 멸구 명 나방 아 : 명충 나방

明
밝을 명

透明 사무칠 투 밝을 명
糾明 얽힐 규 밝을 명

盟 맹세 맹 日(해 일) + 月(달 월) + 皿(그릇 명)

盟誓 맹세 맹 맹세할 서 : 읽을 땐 – 맹세
同盟 한가지 동 맹세 맹

萌 움 맹(초목에 새로 돋는 싹) 艹(풀 초) + 明(밝을 명)

萌芽 움 맹 싹 아

名稱 이름 명 일컬을 칭
匿名 숨길 닉/익 이름 명

이름 명

銘 새길 명 金(쇠 금) + 名(이름 명)

銘心 새길 명 마음 심
銘記 새길 명 기록할 기

酩 술 취할 명 酒(술 주 - 변형) + 名(이름 명)

酩酊 술 취할 명 술 취할 정 : 술에 몹시 많이 취함

맏 맹

孟子 맏 맹 아들 자
孔孟 구멍 공 맏 맹 : 공자와 맹자

猛 사나울 맹 犬(개 견) + 孟(맏 맹)

猛獸 사나울 맹 짐승 수
猛烈 사나울 맹 매울 렬
猛威 사나울 맹 위엄 위
勇猛 날랠 용 사나울 맹

某處 아무 모 곳 처
某種 아무 모 씨 종

아무 모

謀 꾀 모 言(말씀 언) + 某(아무 모)

圖謀 그림 도 꾀 모
陰謀 그늘 음 꾀 모

煤 그을음 매 火(불 화) + 某(아무 모)

煤煙 그을음 매 연기 연
煤炭 그을음 매 숯 탄

媒 중매 매 女(여자 녀) + 某(아무 모)

仲媒 버금 중 중매 매
溶媒 녹을 용 중매 매
觸媒 닿을 촉 중매 매
媒介體 중매 매 낄 개 몸 체

毛髮 터럭 모 터럭 발

터럭 모

耗 소모할 모 耒(쟁기 뢰) + 毛(터럭 모)

消耗 사라질 소 소모할 모

磨耗 갈 마 소모할 모

尾 꼬리 미 尸(주검 시) + 毛(터럭 모)

尾行 꼬리 미 다닐 행

毫 터럭 호(가는 털) 高(높을 고 – 변형) + 毛(터럭 모)

毫毛 터럭 호 터럭 모

目標 눈 목 표할 표
目擊 눈 목 칠 격

눈 목

看 볼 간 手(손 수) + 目(눈 목)

看板 볼 간 널빤지 판

省 덜 생(살필 성) 少(적을 소) + 目(눈 목)

省略 덜 생 간략할 략
反省 돌이킬 반 살필 성
省墓 살필 성 무덤 묘

着 붙을 착 著(나타날 저 붙을 착)의 속자(俗字)

執着 잡을 집 붙을 착
着陸 붙을 착 뭍 륙

冒 무릅쓸 모 冃(쓰개 모) + 目(눈 목)

冒險 무릅쓸 모 험할 험

帽 모자 모 巾(수건 건) + 冒(무릅쓸 모)

帽子 모자 모 아들 자

빠질 몰

沒頭 빠질 몰 머리 두

埋沒 묻을 매 빠질 몰

汨沒 골몰할 골 빠질 몰

陷沒 빠질 함 빠질 몰

殁 죽을 몰 歹(뼈 앙상할 알) + 沒(빠질 몰 – 변형)

戰殁 = 陣殁 싸움 전 죽을 몰 = 진칠 진 죽을 몰 : 싸움터에서 죽음

뿌리글자로만 의미

토끼 묘

昴 별 이름 묘 日(해 일) + 卯(토끼 묘)

柳 버들 류 木(나무 목) + 卯(토끼 묘)

柳葉 버들 류 잎 엽

聊 애오라지 료 耳(귀 이) + 卯(토끼 묘)

無聊 없을 무 애오라지 료 : 즐겁지 않아 무료함

聊賴 애오라지 료 의뢰할 뢰 : 남에게 의지하며 살음

卿 벼슬 경 卯(토끼 묘) + 食(밥 식)

樞機卿 지도리(중심) 추 틀 기 벼슬 경 : 로마 교황의 최고 고문

卵 알 란 난자와 정자가 만나 아이의 씨를 밴 모양을 본뜬 상형문자

鷄卵 닭 계 알 란

排卵 밀칠 배 알 란

卵巢 알 란 새집 소

産卵 낳을 산 알 란

務 힘쓸 무

業務 업 업 힘쓸 무
勤務 부지런할 근 힘쓸 무
職務 직분 직 힘쓸 무
債務 빚 채 힘쓸 무

霧 안개 무 雨(비 우) + 務(힘쓸 무)

濃霧 짙을 농 안개 무
噴霧器 뿜을 분 안개 무 그릇 기

武器 호반 무 그릇 기
武藝 호반 무 재주 예
武術 호반 무 재주 술
武裝 호반 무 꾸밀 장

호반 무(무관의 반열)

賦 부세 부 貝(조개 패) + 武(호반 무)

賦與 부세 부 줄 여
賦課 부세 부 과정 과
割賦 벨 할 부세 부

巫堂 무당 무 집 당

무당 무

誣 속일 무 言(말씀 언) + 巫(무당 무)

誣告罪 속일 무 고할 고 허물 죄

覡 박수 격(남자무당) 巫(무당 무) + 見(볼 견)

巫覡 무당 무 박수 격

靈 신령 령 雨(비 우) + 口(입 구) + 巫(무당 무)

神靈 귀신 신 신령 령

無辜 없을 무 허물 고
無條件 없을 무 가지 조 물건 건

없을 무

撫 어루만질 무(신체를 만지다) 手(손 수) + 無(없을 무)

愛撫 사랑 애 어루만질 무

憮 어루만질 무(마음을 만지다) 心(마음 심) + 無(없을 무)

懷憮 품을 회 어루만질 무 : 잘 달래 안심시킴

舞 춤 출 무 양 쪽 발을 나타내는 舛(어그러질 천)을 사용하여 춤추는 모습을 본뜬 상형문자

舞踊 춤 출 무 뛸 용
舞臺 춤 출 무 무대 대
亂舞 어지러울 란 춤 출 무
鼓舞的 북 고 춤 출 무 과녁 적 : 기운을 돋는 모양

蕪 거칠 무 艸(풀 초) + 無(없을 무)

荒蕪地 거칠 황 거칠 무 땅 지

窓門 창 창 문 문

문 문

問 물을 문 門(문 문) + 口(입 구)

諮問 물을 자 물을 문
拷問 칠 고 물을 문

聞 들을 문 門(문 문) + 耳(귀 이)

醜聞 추할 추 들을 문

閑 한가할 한 門(문 문) + 木(나무 목)

閑暇 한가할 한 틈 가

間 사이 간 門(문 문) + 日(해 일)

瞬間 깜짝일 순 사이 간
間諜 사이 간 염탐할 첩

悶 답답할 민 門(문 문) + 心(마음 심)

苦悶 쓸 고 답답할 민

閃 번쩍일 섬 門(문 문) + 人(사람 인)

閃光 번쩍일 섬 빛 광

閱 볼 열 門(문 문) + 兌(바꿀 태)

閱覽 볼 열 볼 람

閏 윤달 윤 門(문 문) + 王(임금 왕)

閏月 윤달 윤 달 월

潤 불을 윤(윤택할 윤) 水(물 수) + 閏(윤달 윤)

利潤 이로울 리 불을 윤
潤澤 윤택할 윤 못 택

閨 안방 규 門(문 문) + 圭(서옥 규 홀 규)

閨房 안방 규 방 방

闢 열 벽 門(문 문) + 辟(피할 피 임금 벽)

開闢 열 개 열 벽

開 열 개 門(문 문) + 开(평평할 견)

開拓 열 개 넓힐 척
開催 열 개 재촉할 최

284

閉 닫을 폐 門(문 문) + 才(재주 재)

閉鎖 닫을 폐 쇠사슬 쇄

關 관계할 관 門(문 문) + (빗장의 모양)

關係 관계할 관 맬 계

闇 숨을 암 門(문 문) + 音(소리 음)

昏闇 어두울 혼 숨을 암

闡 밝힐 천 門(문 문) + 單(홑 단)

闡明 밝힐 천 밝을 명

閥 문벌 벌 門(문 문) + 伐(칠 벌)

財閥 재물 재 문벌 벌

閣 집 각 門(문 문) + 各(각각 각)

改閣 고칠 개 집 각
閣僚 집 각 동료 료

閘 수문 갑 門(문 문) + 甲(갑옷 갑)

水閘 물 수 수문 갑

閭 마을 려 門(문 문) + 呂(성씨 려 법칙 려)

閭閻 마을 려 마을 염

閼
가로막을 알 門(문 문) + 於(어조사 어)

閼伽水 가로막을 알 절 가 물 수

闊
넓을 활 門(문 문) + 活(살 활)

闊步 넓을 활 걸음 보
闊葉樹 넓을 활 잎 엽 나무 수

論文 논할 론 글월 문

글월 문

紋 무늬 문 糸(실 사) + 文(글월 문)

指紋 가리킬 지 무늬 문
波紋 물결 파 무늬 문 : 문제를 일으키는 영향

蚊 모기 문 虫(벌레 충) + 文(글월 문)

殺蚊香 죽일 살 모기 문 향기 향

汶 물 이름 문 水(물 수) + 文(글월 문)

紊 어지러울 문 文(글월 문) + 糸(실 사)

紊亂 어지러울 문 어지러울 란

吝 아낄 린 文(글월 문) + 口(입 구)

吝嗇 아낄 린 아낄 색
玼吝 흉 자 아낄 린

閔 성씨 민(위문할 민) 門(문 문) + 文(글월 문)

閔然 위문할 민 그럴 연 : 불쌍히 여기는 모양

287

憫 민망할 민 心(마음 심) + 閔(위문할 민)

憫惘 민망할 민 멍할 망
憐憫 불쌍히 여길 련 민망할 민 : 가엾어 불쌍히 여김

玟 아름다운 돌 민 玉(구슬 옥) + 文(글월 문)

旼 화할 민 日(해 일) + 文(글월 문)

旻 하늘 민 日(해 일) + 文(글월 문)

蒼旻 푸를 창 하늘 민 : 푸른 하늘 가을 하늘

斑 아롱질 반 珏(쌍옥 각 – 변형) + 文(글월 문)

黃斑 누를 황 아롱질 반 : 누른 빛깔의 얼룩무늬
蒙古斑 어두울 몽 옛 고 아롱질 반 : 몽골반점

虔 공경할 건 虍(범 호) + 文(글월 문)

敬虔 공경 경 공경할 건
恭虔 공손할 공 공경할 건
恪虔 삼갈 각 공경할 건

勿論 말 물 논할 론

말 물

物 물건 물 牛(소 우) + 勿(말 물)

物件 물건 물 물건 건
植物 심을 식 물건 물
膳物 선물 선 물건 물
賂物 뇌물 뢰 물건 물

笏 홀 홀 竹(대 죽) + 勿(말 물)

玉笏 구슬 옥 홀 홀

忽 갑자기 홀 勿(말 물) + 心(마음 심)

忽然 갑자기 홀 그럴 연
忽待 갑자기 홀 기다릴 대
疏忽 소통할 소 갑자기 홀

惚 황홀할 홀 心(마음 심) + 忽(갑자기 홀)

恍惚 황홀할 황 황홀할 홀

微細 작을 미 가늘 세
微笑 작을 미 웃음 소

작을 미

薇 장미 미 艸(풀 초) + 微(작을 미)

薔薇 장미 장 장미 미

徵 부를 징 微(작을 미) + 任(맡길 임) – 변형 합체자

徵集 부를 징 모을 집
徵候 부를 징 기후 후
特徵 특별할 특 부를 징

눈썹 미

眉間 눈썹 미 사이 간
愁眉 근심 수 눈썹 미 :
　　　 근심스러운 기색

媚 아첨할 미 女(여자 녀) + 眉(눈썹 미)

阿媚 언덕 아 아첨할 미 : 남에게 아첨함
媚態 아첨할 미 모습 태 : 아양을 부리는 태도

未滿 아닐 미 찰 만
未洽 아닐 미 흡족할 흡
未熟 아닐 미 익을 숙
未盡 아닐 미 다할 진

아닐 미

味 맛 미 口(입 구) + 未(아닐 미)

興味 일 흥 맛 미
吟味 읊을 음 맛 미
趣味 뜻 취 맛 미

昧 어두울 매 日(해 일) + 未(아닐 미)

愚昧 어리석을 우 어두울 매
曖昧 희미할 애 어두울 매
蒙昧 어두울 몽 어두울 매 : 어리석고 어두움

魅 매혹할 매 鬼(귀신 귀) + 未(아닐 미)

魅力 매혹할 매 힘 력
魅惑 매혹할 매 미혹할 혹
魅了 매혹할 매 마칠 료

妹 누이 매 女(여자 녀) + 未(아닐 미)

男妹 사내 남 누이 매
姉妹 윗누이 자 누이 매

寐 잘 매 宀(집 면) + 爿(조각 장) + 未(아닐 미)

夢寐 꿈 몽 잘 매 : 잠을 자며 꿈을 꿈

寤寐 잠 깰 오 잘 매 : 깰 때나 잘 때나

敏捷 민첩할 민 빠를 첩
銳敏 날카로울 예 민첩할 민
過敏 지날 과 민첩할 민

민첩할 민

繁 번성할 번 敏(민첩할 민) + 糸(실 사)

繁榮 번성할 번 영화 영
繁殖 번성할 번 불릴 식
農繁期 농사 농 번성할 번 기약할 기

民 백성 민

國民 나라 국 백성 민　　庶民 여러 서 백성 민

住民 살 주 백성 민　　農民 농사 농 백성 민

僑民 더부살이 교 백성 민

罹災民 걸릴 리(병에 걸리다) 재앙 재 백성 민

珉 옥돌 민 玉(구슬 옥) + 民(백성 민)

眠 잘 면 目(눈 목) + 民(백성 민)

睡眠 졸음 수 잘 면

熟眠 익을 숙 잘 면

冬眠 겨울 동 잘 면

催眠 재촉할 최 잘 면

不眠症 아니 불 잘 면 증세 증

수강생 분들에게 바라는 저의 마음을 4자성어(四字成語)로 담았습니다.

묘교발형(苗敎發熒)

1. 모 묘 – 苗
2. 노래할 교 – 敎
3. 필 발 – 發
4. 등불 형 – 熒

자연(自然)의 이치(理致)는 이렇습니다.

봄에 – 씨앗을 심고,
여름에 – 비바람을 맞으며 자라고,
가을에 – 맛있고 단단한 결실을 맺어,
겨울에 – 모든 이와 함께 행복하게 보냅니다.

그런 의미에서,
한자(漢字) 공부 또한 자연(自然)의 이치(理致)대로 하면 됩니다.

1. 처음에 한자라는 묘목을 심고 – 苗(모 묘)
2. 배우는 과정에서 비바람처럼 힘들지만 노래하며 이겨내어 – **敎(노래할 교)**
3. 그 실력이 탄탄하게 다지며 활짝 피어나니 – **發(필 발)**
4. 결국 모든 사람을 환하게 밝혀줄 훌륭한 세상의 등불이 됩니다. – 熒(등불 형)

알까는 한자인 만큼 마지막 또한,
묘교발형(苗敎發熒)을 뿌리글자로 하여 학습으로 마무리하겠습니다.

苗木 모 묘 나무 목

모 묘

描 그릴 묘 手(손 수) + 苗(모 묘)

描寫 그릴 묘 베낄 사

錨 닻 묘 金(쇠 금) + 苗(모 묘)

拔錨 뽑을 발 닻 묘

猫 고양이 묘 犬(개 견) + 苗(모 묘)

黑猫白猫 검을 흑 고양이 묘 흰 백 고양이 묘

노래할 교

急激 급할 급 격할 격
感激 느낄 감 격할 격
激昂 격할 격 밝을 앙
激勵 격할 격 힘쓸 려

激 격할 격 水(물 수) + 敫(노래할 교)

檄 격문 격 木(나무 목) + 敫(노래할 교)

* 격문 : 비상시 급히 알리는 글
檄文 격문 격 글월 문 : 비상시 알리는 글

邀 맞을 요(맞이하다) 辶(쉬엄쉬엄 갈 착) + 敫(노래할 교)

邀擊 맞을 요 칠 격
邀招 맞을 요 부를 초

竅 구멍 규 穴(구멍 혈) + 敫(노래할 교)

毛竅 터럭 모 구멍 규
九竅 아홉 구 구멍 규

發展 필발 펼전
發揮 필발 휘두를 휘

필발

潑 물 뿌릴 발 水(물 수) + 發(필 발)

活潑 살 활 물 뿌릴 발
潑剌 물 뿌릴 발 발랄할 랄

撥 다스릴 발 手(손 수) + 發(필 발)

反撥 돌이킬 반 다스릴 발
撥憫 다스릴 발 민망할 민

醱 술 괼 발 酒(술 주 – 변형) + 發(필 발)

* 술을 괴다 : 술이 된다. 술을 빚다
醱酵 술 괼 발 삭힐 효

廢 폐할 폐(버릴 폐) 广(집 엄) + 發(필 발)

廢止 폐할 폐 그칠 지
廢棄 폐할 폐 버릴 기
廢墟 폐할 폐 터 허

熒燭 등불 형 촛불 촉

등불 형

螢 반딧불이 형 熒(등불 형 – 변형) + 虫(벌레 충)

螢光燈 반딧불이 형 빛 광 등 등
螢雪之功 반딧불이 형 눈 설 갈 지 공 공

瑩 의혹할 형 熒(등불 형 – 변형) + 玉(구슬 옥)

* 인명, 지명에서는 '밝을 영'으로 사용되기도 함
瑩澈 의혹할 형 맑을 철

瀅 물 맑을 형 水(물 수) + 瑩(의혹할 형)

榮 영화 영(영광, 명예) 熒(등불 형 – 변형) + 木(나무 목)

榮華 영화 영 빛날 화
榮轉 영화 영 구를 전
繁榮 번성할 번 영화 영

營 경영할 영 熒(등불 형) + 宮(집 궁) – 변형 합체자

經營 지날 경 경영할 영
營養 경영할 영 기를 양
營倉 경영할 영 곳집 창

勞 일할 로 熒(등불 형 – 변형) + 力(힘 력)

勞動 일할 로 움직일 동
勤勞 부지런할 근 일할 로
疲勞 피곤할 피 일할 로
慰勞 위로할 위 일할 로

撈 건질 로 手(손 수) + 勞(일할 로)

漁撈 고기잡을 어 건질 로
撈採 건질 로 캘 채 : 물속에서 채취함

이렇게 알까는 한자를 모두 마치었습니다.

뿌리한자 621개와 묘교발형(苗敎發熒)까지 총 625자의 뿌리글자를 배웠습니다.
그 뿌리글자들이 모여 3,000개 이상의 파생글자를 만들었습니다.
여기에 그치지 않고 실제 어떻게 사용되는지 우리는 집중적으로 공부하였습니다.

여러 분들은 급수의 구분 없이 모두를 아우르는 실력을 지니셨습니다.

그냥 공부한 것이 아니라,
제대로!!! 확실하게!!! 공부하였습니다.

이제 우리가 할 것은 딱 하나입니다.
바로 반복(反復)입니다.

시간이 지나면 언어는 잊혀 집니다.
잊지 않기 위해 반복 또 반복하는 것이 가장 현명한 공부법입니다.

한 번 반복한 사람과 두 번 반복한 사람의 실력은 차이가 많습니다.
두 번 반복한 사람과 백 번 반복한 사람의 실력은 천양지차(天壤之差)입니다.

이제 알까는 한자의 책과 저 심 영세원의 힘찬 목소리가,
여러 분을 실전 최고의 한자 고수로 안내할 것입니다.

묘교발형(苗敎發熒)에서 말씀드렸듯이,
배우는 과정은 쉽지 않지만 그 열매는 달콤하고 많은 쓰임이 있습니다.
'배움'에서의 흔들림은 '쓰임'에서 그 빛을 나타냅니다.

쑥쑥~! 알까는 한자에서 쌓은 실력을,
이 사회의 힘들고 지친 많은 분들을 위해 뜻 깊게 활용해 주시길
마지막으로 당부말씀 올리며 기쁘게 글을 맺습니다.

2016年 8月
著者 심 영세원(沈 英世元) 拜上